高橋信次

人間釈迦

1

偉大なる悟り

法は大自然の姿なり
人の道はこの中に在り

高橋信次

て一元的に計られている現実は、かつて以上に、人々の目を数字や目に見えるものだけに釘づけにして、根深く唯物主義、拝金主義の流れを強めていると思えるからです。

人はみな永遠の生命を抱く魂の存在――。この現象界に生まれ落ちた魂たちは、誰もが環境、教育、思想、習慣という人生の条件を引き受けて、それぞれの道を歩む。そしてその経験を通じて心の歪みを正し、人生の目的と使命に目覚めて、それを果たそうとする。現象界は、魂の修行所である――。

高橋信次が示した、この人間観・人生観は、私たち人間の本質が内なる魂にあり、その経験と成長こそ、人生の意義であることを教えています。

生まれる時代、国と地域、肌の色、民族、性別……。私たち人間に様々なあつれきをもたらしてきたそれらの違いの基に、魂という変わらぬ本質が息づいている。魂という次元こそ、それらの違いを、この世界を生きる人生の条件として、根本的に相対化し得るものではないでしょうか。

いかなる人生の条件を引き受けようと、魂の尊厳は変わることなく輝き、それぞれのかけがえのない人生の目的と使命を果たすことができる。そして、それだけの力を抱いているのが一人ひとりの人間なのです。

一九七六年、私との魂の邂逅《かいこう》を果たしてから、父はますます神理を求める想いを研ぎ澄ましていました。「督促状《とくそくじょう》が来ているんだ。もう還らなければならない」。そう言いながら、それまで以上に一途に歩み続けたのです。

医師からはとても無理だと止められながら、それを押して赴いた東北での最後のセミナー——。

「佳子、ぼくは行ってくるからね」

ほほえみながらそう言って出かけていった父の顔を忘れたことはありません。

神理のこと、魂のことを一人でも多くの人々に伝えることができて、それを生きてもらえるなら、命に代えても少しも惜しくはない——。そんな覚悟のすがたでした。

そしてその晩年の父がいつも語っていたのは、人間の心が本当に変わることの素晴らしさ——。数え切れないほどの奇跡の現象を現した父でしたが、父の心にあったのは、その一つのことでした。

「本当の奇跡っていうのは、人間の心が変わることなんだ。それを忘れちゃいけないよ……」

それは、私にとって、何よりも守らなければならない、父からのバトンであり続けています。


人間は永遠の生命を抱く魂の存在――。

では、私たちが、魂としての人生を生きるためにはどうすればいいのか――。そのための道を同志の皆さんと一緒に築いてきたことは、その約束に応える歩みであったと思っています。

今、GLAをはじめ、私の周囲には、神理を学ぶだけではなく、それを実践して新たな現実を生み出す人々があふれています。

故あって心に傷や歪みを抱えた人々が、生まれ変わったようにそこから自由になって新しい人生を生き始める。試練に呑み込まれ、身動きが取れなくなっていた人々が、「試練は呼びかけ」と受けとめて、新しい次元に踏み出してゆく――。

このような現実こそ、父が何よりも願っていた現実であり、思い描いていた未来であったと私は確信しています。

高橋信次が開いた「魂の道」は、今も現在進行形で続いているのです。

この新装版となった「心と人間シリーズ」を手に取られた読者の皆様が、その「魂の道」を継ぐお一人となることを、父はどれほど待ち望んでいるでしょう。それぞれの人生において、それぞれの生きる場所で、ぜひ、その一歩を踏み出してくださることを願ってやみません。

二〇一三年 六月

高橋佳子

はしがき

小説、物語は、正直のところ、私はあまり読んだことがないのです。いわんやその構成、筋の運び、人物の動き、といった点については、全くの素人といっていいでしょう。話にきくと、こうした創作は、作者の人生経験が基礎となり、主題についての綿密な資料と、現地調査、長い時間をかけた構想が作品の背景をなしているといわれます。ところが本書に関しては、こうした過程を全部省略し、いわば霊的な示唆と、手の動きにしたがって、書いたものです。その意味では頼りない、真実を伝え得ない、といわれるかも知れません。が、仏教や聖書を学んだ人たちにきいてみると、これを手にして、これまでの不明の点が明らかになった、仏典の意味が、よく理解できたと喜ばれています。それればかりか、私の周囲には、心の窓がひらかれて転生輪廻の過程を証明する人たちが数多く出てこの物語を証明しています。こういうとそんなバカなと思われるでしょうが、華厳経十地品、新約聖書使徒行伝第二章には、その弟子たちの過去世の言葉を語る霊的現象が記されています。これとウリ二つの現象が現在起こっているのです。こういうことで、私は意を強くし、この物語を書いてきたものです。

　世に出ている釈迦伝は、釈迦とその弟子たちのドラマが主なようで、出家から悟りまでの過程については、ほとんど伝えられていないようです。無理がないと思います。仏教は、インドにおいて四十数年間にわたる釈迦の説法が文字となり、チベット（今のネパール）を経て中国に渡り、漢文となって日本に伝えられました。この間、二千五百有余年も経っています。当然、仏教学者の知と意が入り、その真意が不明になってきたからです。仏教（正法）は頭で知るものではなく、心と体で悟るものです。釈迦の悟りと真の正法が何であったか、その中身が長い年代を経てくると、自然に霧の彼方に消えて行くようです。

　たとえば、仏教用語に「諸法無我」というのがあります。これまでの解釈は、万有の諸法は因縁生起のもので、実に自我なる実体なきを、人は語りて執我《しゅうが》の謬見《びゅうけん》を起こすを以《もっ》て、無我の説をなすをいう、としています。意味がよくわかりません。私の解釈は、法とは秩序のことです。大自然はその秩序にしたがって動いているわけです。で、秩序に恣意があっては秩序になりません。といって、秩序は、その底に、何もない、意志も持たないということはあり得ません。秩序には必ず意志が伴っています。その意志とは、右にも左にも片寄らない「中道」という心であったわけです。一日は昼があって夜がある、決して一方に片寄らない。空気や水が、減ったり増えたりするでしょうか、何万年昔も今も変らないはずです。無我とは、中道の心を指しています。それゆえに、諸法は無我という中道を軸に動いており、一切の生滅（本当は生滅しないのですが……）は、中道の意志の下にあるわけです。

人間の生活も、こうした自然が教える片寄らない中道の精神を活かして行くならば、秩序ある生活、調和が生れてくるわけです。

こういうように、仏教用語ひとつとっても、遠いインド時代のそれと今日では、かなりかけ離れた解釈がなされているようであります。もちろん、釈迦がそういう説法をしたかどうかについては、地球という大自然の環境の中で生活する人間、そのものをふりかえっていただくならば、およその見当がついてくると思います。

とにかく、こうした意味で、世にある釈迦伝とは、かなり内容の異なったものとなり、ことに今回の、出家と成道の部分は、できるかぎり詳しく書いたつもりです。これまでややもすると、釈迦は人間でなく神の化身のように伝えられ、偶像化されている向きがありますが、人間の苦悩なくして、どうして人間が悟れましょう。釈迦も人の子であり、人間だったのです。そうして、そうした中から真の人間の姿を発見し、仏陀（古代インド語でブッタという）になったのです。

本書を手にし、人間・釈迦の全貌をご理解され、その精神を生活に活かしていただければ、筆者の喜び、これに過ぎるものはありません。

本書を一読され、ご感想なり、ご批判をいただければ幸せです。

なお筆者の考え方に共鳴される人びとが、正しい生活実践のためＧＬＡ（神理の会）という組織をつくっています。関心をお持ちの方は下記にお問い合わせください。

一九七三年三月十五日

高橋信次

東京都台東区雷門二―一八―三
ＧＬＡ
電話〇三―三八四三―七〇〇一

●目次

第二章　五人の阿羅漢《アラハン》

第一章　出家と成道

一　誕生から出家への道

紀元前六五四年、当時の中インドの世相は豪族や武将が幅をきかせ、国そのものも乱れていた。ゴーダマ・シッタルダー釈迦牟尼仏はこうした中で呱々《ここ》の声をあげた。当時のインドは、中インドを中心にして、約十六カ国から成る大小の国々が覇《は》を競っていた。ゴーダマ・シッタルダーの生れたカピラ城は、コーサラ国にあり、当時の支配者はマーハー・コーサラという人であった。ガンガーの河をはさんで南の方に寄ったところには、ビンビ・サラーという王がいて、マガダ国を治めていた。インドの時代、釈迦をはじめ悟道を得た者が道を説いた言葉は、カッシー語、マガダ語が多かったのである。

そのような状況下において、これら悟道を得た人たちの出生の条件は、何といっても自分自身が悟れる場所を選んでいることである。ゴーダマ・シッタルダーもやはり同じで、大国の王として生れては、己自身を知ることも、人間の心を悟ることもできない。コーサラ国の属国であるところのカピラ城は、マーハー・コーサラからみれば、いわば砦のような小国であったのである。ルンビニーの園において呱々の声をあげ、母親は、わずか一週間でこの世を去っていった。母親の名をマヤといった。釈迦族とまったく同族であるデヴァダバ・バーストといって、ロッシニーの河をはさんでヒマラヤ山脈に近い同じような砦を持つ国があった。母親マヤはその国王の妹である。

お産のためにマヤの妹であるマーハー・パジャパティーがカピラにきていた。いよいよ出産という頃になれば、マヤは自分の実家へ帰るてはずであった。当時のインドには、お産は実家で行うという習慣があったからである。ところが、さか子のため、十月十日《とつきとおか》を経ずしてゴーダマはルンビニーで生れた。大変な難産であった。しかし男の子が生れたというのでカピラは一族をあげて、これを祝った。母親のマヤはゴーダマを生み落すとその喜びも束の間に、わずか一週間で他界してしまった。難産のため、体力を消耗しつくしてしまったからである。ゴーダマは、お産のため看病にきていたマーハー・パジャパティーの手で育てられることになった。

ゴーダマの父シュット・ダーナーには何人もの妻がいた。当時の豪族、王たる者は何人もの妻をかかえることによって、その威を誇る風習があった。マヤの死はシュット・

ダーナーにとって大きな悲しみにはちがいなかったが、自分の後継者ができたことに満足だったようであった。

ゴーダマはそうした環境の中で成長していった。長ずるにしたがって多くの疑問をいだくようになっていった。まず第一には城内での華やかな生活。外に出ればカースト制度という一つの社会制度による厳しい身分のちがい。その身分は生れたその環境によって生涯その人についてまわるという苛酷なものであった。シュドラーという最下級の奴隷は永遠に奴隷であった。宗教の世界でもマーハー・バラモンは大きな勢力をようしていた。そのバラモンでさえ、道を説く者は支配階級の生れでなければできなかった。下級の者は、いかに人格が高潔な者でもそれはゆるされなかったのである。

ゴーダマは、母の顔すら知らない。物心つくようになって、自分を生むとアッという間に死んでいった母の姿をもう一度見たい、会いたい、という思いがつのった。その悲しみは長ずるにしたがってますます自分の心の中を占めていった。同時に、人間の哀れさ、自然の無常さというものを正視せざるを得なくなっていた。カピラ城という王国の王子として優雅な生活はしていても、いつ隣国が攻めてくるかわからない。部下の中にもスパイがひそんでいるかも知れない。食べ物すら毒味してもらって食べるという不自由さである。外観の立派さにくらべ、精神面は不調和そのものであった。生への執着、生への苦しみ、生への悩みは、ますます心をさわがせていった。

もちろん、実在界からインドの地に生まれる際には、そうした精神的な動きを計算に入れて出てきている。自分の環境がすべて整い、恵まれすぎてしまうと、知らず知らずのうちに堕落し、金持三代続かずのたとえのように、ゴーダマの場合は、身は王子として生れたが、周囲の不自然な環境に心を奪われるように仕組まれていたのである。したがって、こうした心の動きがないと、この地上界における人間の役割も目的も忘れてしまうことになりやすいのである。

当時のカピラ城は、多くの兵士たちによって内も外も固められ、城下町も結構栄えていた。しかし、青年ゴーダマの心は、人間はなぜ生れ、なぜ病気をし、なぜ年をとるのか、母親マヤの死によって、人間はなぜ死ぬのか、という四つの問題につき当っていた。

青年ゴーダマは、心の中に、こうした悩みをいだきながらも、踊り子の舞う姿をながめ、酒にひたり、その場を慰めていた。そうして、目を奪うような外見の華やかさのなかに自分を投げ入れようとさえした。しかし、そうすればするほど、心は空虚となり、四つの大問題は心の中でますますひろがりをみせるのであった。

十九歳のおり、母親マヤの里であるデヴァダバ・バーストの王の娘ヤショダラを妻として迎えた。これは、彼の父であるシュット・ダーナーが日頃信頼するアシタバーというバラモンの仙人が、ゴーダマの心の動きを見てとって、

「王子はいつの日か城を出られ、多くの人々に道を説かれるようになる。王の後継者としてカピラにとどまるようにするには一日も早く妻をめとらせるにかぎる」

と、進言したことによった。

しかし当時のゴーダマにはすでに何人かの女性がおり、第二、第三夫人にあたる女性が控えていたのであった。父の心遣いには感謝はしても、新妻を迎えることによる心の転換、生活にたいする張り、新鮮さというものはあまり感じられなかった。むしろ、負担にさえなった。人間の欲望には限度というものがないし、欲望に翻弄されればされるほど、自分が失われてゆくことを、青年ゴーダマは感じていたからである。

彼は妻を迎えてからというもの、毎夜、地下室に入り、瞑想に耽ることが多くなって

いった。そうして、

「生老病死」

それから人間が解放されるにはどうすればいいかと、道を求めていた。

……十年の歳月がまたたくまに過ぎた。ゴーダマもようやく二十九歳となり、国の内外の事情が手にとるようにわかる年頃になっていた。外交に、内政に、彼は父の政務を助けた。そうして、政務に関係すればするほど隣国がいつ攻めいってくるかわからない焦慮にかられた。そうして、争いの歯止めに、政略結婚によって義を結ぶことが、当時のインドでもさかんに行われたのであったが、利害が一変すれば、こうした義はなんの役にも立たなかった。カピラは小国である。彼は、こうした現象面の不安感におそわれていた。そうしてその不安感、焦燥感を超えるためにも「生老病死」の原因を求めるべく、悩んでいた。

あるとき、父のシュット・ダーナーがいった。

「お前は、やがて子供ができるというのに毎日考えごとばかりしている。お前がカピラを出てしまえば私はいったいどうなるのか。わしも年をとっている。民、百姓のことも考え、跡取りらしくふるまって欲しい」

父親の主張は一国を預かる者にとっては当然であった。外敵から攻められ、戦いに負ければその国の種族は奴隷となり、その累は、子々孫々にまで及ぶ。戦いには勝たねばならない。平和を維持するためには戦いのスキを与えてはならないのだ。武力を常に保持し、敵国をけん制してゆくことこそ一国の最高責任者としてのつとめである。そのつとめを、父の目からみれば怠っているとみえるのであろう。

しかし、ゴーダマにはそれ以前の問題があった。敵といい、味方といっても同じ人間同士ではないか。なぜ、人間同士が戦わなければならないのか。また、戦いに勝ったからといって、その勝利はいつまでも持続するものとは思えない。戦いに勝てば、いつの日か負けるときがあろう。勝負の中に人間が没入するかぎりは、人間としての真の安らぎ、心の平和を確立することはとうていできまい。なぜなら勝負の世界には絶えず作用、反作用の動因がからみ合っているからである。

勝者のおごりと敗者のにくしみ——。

この相関関係は時計のフリコのように、右に左にゆれ動き、勝者はやがて敗者につながってゆくことは、過去のインドの国々の歴史をみても明白なる事実であった。国を守るための武力、勝つための政略、それ自体すら、心の平和を失った苦しみではないか。

父のいわんとするところはゴーダマにはわかりすぎるぐらいわかるのだが、今、自分の悩んでいる心の琴線にまでふれることがないのがさびしかった。

「父上がそこまでいわれるならば、私のいう三つのことを約束し、それに協力してくれるというのでしたなら私は城を出ないでしょう。まず、人間は絶対に病気をしない。年もとらない。死ぬこともない……」

ゴーダマは日頃の悩みについて、父にその保障を求めた。

シュット・ダーナーは、ゴーダマの言葉に唖然としてしまった。いかに一国の王とはいえ、自由になることと、ならないことがあった。ゴーダマの要求は、あまりにも無体にすぎた。

父親は頭をかかえてしまった。

義理の母であるマーハー・パジャパティーが説得すればゴーダマのこの考えをくつがえすこともできようと図ってはみたが、これも無駄だった。

そこで最後の手段として、ゴーダマを城から外へ出さないようにすればよいと考え、警備を厳重にするのだった。

……だが、やがて、その警備も徒労に終るときがきた。

ゴーダマは、父や妻を捨てる覚悟を決めた。自分の現在の悩みを解決するには、この城から、この国から外へ出なければ不可能と考えるに至ったのである。といって、これといったアテがあるわけではなかった。ただ、この城から外へ出さえすれば、今の苦悩をひもとく手がかりがつかめると思ったにすぎなかった。

ある夜、城の奥で酒宴が開かれていた。踊り子のかん高い嬌声や男たちの笑い声が、ゴーダマの耳もとまで聞こえていた。

ついにくるときがきた。出城の機会は、このときをおいてほかにないと彼は考えた。意を決した彼は、身仕度を整え、厩《うまや》当番のチュンダカのところにきて、

「馬をひけ、お前がわたしのいうことをきかぬなら、お前をこの場で殺す」

といって、脅かした。

チュンダカは、シュット・ダーナーの命令よりも、今のゴーダマのけわしい形相にお

され、タンクワという馬をひき、西の門をあけてくれた。

ゴーダマはようようにして自由の身となり馬上の人となった。百メートルほど駒を進めてたずなをひいた。二十九年のカピラの生活の感慨が、はやる心をおさえたのであった。ふりむくとカピラ城は明滅する夜空の中にくっきりと浮かんでいた。いろいろの想いが交錯し、電光のように、ひらめいては消えていった。しかし、こうして外から城をながめていると、不思議なほどに自分と城とがまったくの赤の他人のように思えてくるのであった。もう二度と、城との生活はないであろう。なに不自由なくすぎた歳月だったが、二十九年の年月は今の自分にはまるで煙のように、体のどこをのぞいても、その痕跡《こんせき》さえとどめていなかった。

城を出てよかった、と思った。城に残した妻、父、義母、多くの部下の幸を祈りつつ、くつわをかえすと約五時間ほど、一気に、馬を走らせた。チュンダカは馬のたずなを握りしめ、まるで空中を飛ぶように走った。彼の頭の中は、王の怒りが浮かび恐ろしかった。しかし今はただ走る以外なかった。走れば走るほど、カピラから遠ざかり、王から離れていく。王子のゴーダマといっしょならば、もうどうなってもいいと思うのだった。

五時間も走ればたいていの者は、へばってしまう。しかし昔の人は現代人とちがい健脚だった。今のように乗り物は一切なく、馬はあっても馬に乗れる者は限られていた。したがってほとんどが歩いた。クシャトリヤは飛脚に近い足を持ち、一日二百キロ近くを平気で走った。

　チュンダカは厩当番をしており、カピラでも健脚を誇り、飛脚以上の足を持っていた。五時間も馬といっしょに、飛ぶように走っても、そう苦しくはなかった。ゴーダマとチュンダカはひと息入れると、再び走った。夜通し走り続けた。そうして明け方近く、ようようにしてヴェッサリーの郊外アヌプリヤの森に着いた。

　この地点は、カピラから人間が歩いて四日がかりのところにある。一日の歩行距離を当時の言葉で一ヨジャーナーといった。一ヨジャーナーは今日の距離になおすと、三十六キロから四十キロ。したがって約百四十キロほどの行程を一晩で走破したことになる。

　もうここまでくれば追っ手は手がとどかない。だいいち夜の夜中でもあるし、今夜はここで休んでゆこうと、ゴーダマは思った。

　周囲は、うっそうとした林の中である。人っ子一人いない。何年か前に、この林のなかを通ったことがあるが、この地は清水が流れ、マンゴや、リュウガン、リンゴなどの実が、食を満たしてくれる便利な場所であった。

その地はバッチ国のヴェッサリーの北部にあたる小さな村はずれにあった。

切株に腰をおろしたゴーダマは、木陰の間から顔をのぞかせている夜空を見上げた。空には無数の星がきらめいていた。まるでダイヤモンドをふりまいたように美しく光っていた。カピラで見た夜空と、今こうして大地や林に包まれて見る夜空には、どこかしら、ちがいがあるように思えた。

そのちがいは何であるのか、どうしてそう見えるのか。今のゴーダマにはわからないが、明滅するその一つ一つの星々に、手をのばしさえすれば、すぐにも届きそうな錯覚におそわれ、また現在、こうして座っている自分と大地が、全然他人でないような、自分の一分身のような、足でトントンと大地をたたくと、自分の横腹に、その響きが伝わってくるような感じがしてくるのであった。

不思議な感覚があればあるものと、ゴーダマは思った。

明け方、ゴーダマは、チュンダカに所持品を持たせ帰城させることにした。チュンダカは当惑と不安に包まれた。ぜひ自分も連れていって欲しいと懇願した。ゴーダマは許さなかった。不憫とは思ったが、帰城させることにした。

彼は、自分が着ていた王子の服をぬぎ捨てると、チュンダカの物と交換した。チュンダカは、そればかりは堪忍《かんにん》してほしいといったが、ゴーダマは、

「私は城を捨てた者、こんな物を着ていては、修行のさまたげになる。早く服を脱げ、お前は私の服を着て、城に帰るのだ」

といって、粗末な服に着替えた。

二　心の師を求めて

ゴーダマはチュンダカを帰したあと、近くの森で修行場をひらいているヴァックバーという仙人の門をたたいた。

ここの修行場は戦乱の世をのがれてきた多くの兵士、サロモン、サマナーが、なんとか己自身を悟ろうと、必死になっていた。

「ここでの修行の目的はなにか……」

すると導師はいった。

「今世は、戦いにつぐ戦いで、心の安らぎが得られない。そこでこのような肉体行を重ね、来世は、戦争のない平和な国に生れ出るためである」

ゴーダマは疑問に思い、

「もし天上界で良い生活をしたいための修行であれば、次に生まれたとき、またこうした厳しい肉体荒行をせねばならぬだろう。原因と結果は輪廻していると思うが……」

というと、

「きびしい肉体行が恐いか」

とヴァックバーは皮肉るのだった。

修行者の一人一人をよくみると、大変な荒行を重ねていた。ある者は、炎々と燃えさかる火の傍らで、自分の体をその火に当て、その苦しみによって、自分の煩悩を絶とうとしていた。ある者はバラのトゲを一面に敷き、その上に我が身を横たえ、出血で体が真黒にハレ上がりながらも、その苦しみに耐えていた。

——みるも無惨であった。

荒行と、心の平和……。

ゴーダマには、この二つが、どうしても、うまく歯車がかみ合わなかった。心の苦しみをのぞくために、どうして、このような荒行をしなければならないのか。また、そのような修行によって、来世で、自分が希望する喜びの国に生れ出ることができるのであろうか。

問題の中心は、来世ではなくて、現世ではないのか。いったい、人間は、現世に、なんの目的で生れてきたのか。来世を望むためか。それとも、現世をよりよく生きるために、生れてきたのか。少なくとも、自分は、来世ではなく、現世で、この現世をよりよく生きるために、生れてきたものと思う。とすると、ここでの修行なり、目的というものと、自分が二十九年間悩んできたこととは、どうしても一致するものがない。その目的も、修行の在り方についても、大いに、へだたりがありすぎた。少なくとも、現在の原因が、未来の結果となって輪廻する法を悟っていないヴァックバーの考えに、大きな矛盾を感じたのであった。

ゴーダマは、ここに三日ほどいて、次の修行者の集まる山に入った。そうして、何人かの有名な仙人、ヨガの行者にも会った。

この中には、当時のラージャン（王）が師と仰ぎ、修行した師匠もいたが、言行が不一致であった。「生老病死」の原因は説いても、その解決方法は、ヴァックバーとあまりかわらなかった。ゴーダマは一週間、近くの修行場をみて回ったが何も得るものはなかった。

ことにヴァックバーに会い、出家第一日目から期待が外れたことから、出家の前途に、ただならぬものを感じていた。

〈出家は間違いではなかったか〉

と、ゴーダマは反省するのだった。

そうしてカピラでの生活をふりかえり、出城の自分の行為が、正しかったか、正しくなかったかを反省するのであった。もし自分の行為に誤りがあるとするなら、カピラにもう一度戻り、その中から、己を見出そうとも考えてみた。

しかし、ゴーダマの心は、一週間前のあの出城のときの心と、少しもかわらなかった。

小国といえども、やがては国王として、その座にすわった場合、仏法を悟ることは、とうていできないと思った。人間の心は、それほど安易にはできていない。ウソでもほめられればうれしいし、背を向ける正しき人をみると、やはり、憎さがつのってくる。これが人間の偽らざる感情であった。

天地を友とするか、人々にかしずかれて、そのなかから仏法を悟るか。どちらが近道かといえば、天地を友とすることこそ、今の、自分のとるべき道である、との決定《けつじょう》となった。

一週間の反省の後、ゴーダマは、ヴェッサリーに向かって、足を進めた。

三　五人のクシャトリヤとの出会い

ゴーダマが夜陰にまぎれてカピラを飛び出したあと、城の中は、一時騒然となった。

チュンダカから事の次第を聞いたときには、シュット・ダーナーは眼の前が、真暗になった。そうなるであろうと予測はしていたものの、今そのことが現実となって自分の前に立ち塞がっているのを感ずると、ゴーダマの出城は夢だ、そんなバカなことがあってたまるかと思うのであった。しかし、事実は事実、その事実を否定し、もとのサヤに収めるには、追っ手を四方に放ち、つれ戻すしかなかった。チュンダカからの報告を聞きながら、シュット・ダーナーは、さまざまな解決策を、めぐらせるのだった。

次々に案が浮かんではくるのであったが、意思の決定は容易に下せなかった。戦場の彼ならば、臨機応変、テキパキと判断を下し、兵を動かすのであったが、ゴーダマの場合は、どういうものか、最後の断のところで躊躇するので、王は、もどかしさを覚えた。

酒宴の場は、深い沈黙の場にかわっていた。マッシェル大臣をはじめとする重臣幕僚も、義母のマーハー・パジャパティーも、踊り子も、そして、チュンダカも、王の次の言葉を、かたずをのんで待った。誰もが時の長さを感じるのだった。

一時《いっとき》余りして、王は顔をあげた。そしてあたりの沈黙を破って、自分にいいきかせるように、静かに口をひらいた。

「……仕方がない。こうなるであろうということは、前々からわかっていた。あれのことだ。一度、いい出したら後にはひくまい。追っ手を放ち、つれ戻したところで、ゴーダマの心をかえることはできないだろう。もうよい。……チュンダカ、お前もご苦労であった。ゆっくり休め。短気をおこすでないぞ、お前には、なんのトガも責任もない。……一同今夜はこのぐらいにして、もう休め……」

シュット・ダーナーは、力なくこういうと、席を立ち、自室に帰っていった。

翌朝、シュット・ダーナーは、コースタニヤ、アサジなど五人の体力、武力のすぐれた若者を庭先に呼びよせた。

五人は、ゴーダマのことで、呼ばれたものとうすうす感じた。しかし、どんな用向きで呼ばれたかは予測がつかなかった。

王の用向きは至極簡単なものだった。お前たち五人はゴーダマの影武者となって、その身の安全を守り、同時に食糧の補給をせよ、ということだった。

五人はたがいに顔を見合わせた。言葉は少ないが王の寛大な処置にたいして、感激した。国によっては親子が相争い、権力の亡者になる者もあるというのに、親を捨てた子の行く末を案じて、我ら五人をつかわし、その上、食糧まで届けよという。しかも王のいうところはゴーダマの生きているかぎり、それを続けるというのであった。

五人は、シュット・ダーナー王に仕えた喜びを、たがいに顔を見合わせて、うなずきあい、王の命令に、よろこんで服すのであった。

こうして、この五人はゴーダマを求めて、カピラを後にした。

後にこの五人は、ゴーダマの弟子となり、アラハン（阿羅漢）に至る。アラハンとは、悟りを得たことをいう。悟りには無数の段階があるが、アラハンを得たということは人々の心がある程度わかる心境を指す。

ここで少しばかり、人の心についてふれると、人の心、意識というものは、表面意識と潜在意識にわかれている。人間が悟りを開くと表面意識と潜在意識が同通し、五官に頼る以前の問題がわかってくる。たとえば何日何時《いついつか》に何が起こるという予言。明日の出来ごとがテレビを見ているようにわかる透視能力。人の心の動きがすぐさまキャッチできる読心能力など。普通一般にこうした能力を通力といっている。

仏教の中に、六神通力というのがある。それは表面意識と潜在意識の同通による超能力のことである。六神通力には、天眼、天耳、他心、宿命、神足、漏尽《ろじん》がある。天眼とは、心眼のことで、俗にいう霊視である。霊視がきくようになると、あの世がわかる。墓場にいくと死人が立っているのがよく見える。天耳とは、霊聴のことで、死人の声、あの世の天使の声がきこえる。他心とは、人の心がわかる能力である。人の心がわかると人の性格が明らかとなり、この男は短気か、優しいか、すぐわかる。また今何を考えているかもわかってしまう。宿命は、その人の運命が映画のフィルムを見るようにわかる能力である。宿命能力も、その頂点に達すると、人の過去、現在、未来を手にとるように知ることができる。釈迦の通力は、宿命通はもちろんのこと、六神通力の全部と、その全部の最高の能力を持っていた。次に神足だが、その身は東京に在りながら、一瞬のうちに、アメリカのホワイト・ハウスの模様を見てくる能力である。二階の廊下に誰々のこうした絵がかかっていた、大統領の部屋にはワシントンの胸像が置かれていたとか、それは便利なものだ。最後に漏尽通だが、これは欲望にふりまわされず、欲望を自由に超えられる能力である。漏尽は、前記五つの能力をはるかに凌ぎ、通常と変らぬ生活をしていながら、心は一切の執着から離れている心境である。この心境を裏返せば、事の是非判断道理を知りつくしている大智識である。

さて、こうした能力にも、心境に応じた段階があって、段階が進むほど精妙となり、正確さを増してくる。

アラハンとは、古代インド語であり、後に中国に渡って阿羅漢《あらかん》という名称になった。アラハンとは、心を開いた第一の段階を指す。つまり、六神通力のいくつかの能力を一応備えた状態をいう。

ゴーダマがブッタ（仏陀）となり、多くの弟子を抱えたが、アラハンの心境に至った者は、数百にのぼった。

アラハンの心境が進むとボサターになる。ボサターとは菩薩のことである。ボサターになると、通力も一段と進んでくる。しかしボサターには厳しい段階があって、その段階に応じて、通力の正確さ、智慧の深浅さがちがってくる。

コースタニヤ、アサジなど五人のクシャトリヤは何れもアラハンを得、ボサターに進む者もあったのである。

何れにせよ、アラハンは、ボサターに入る関門に立ったのであり、ボサターの能力が引き出せる心境になったといえるであろう。

シュット・ダーナーは、五人をつかわしたその心の底には、もしかしたらという希望がないではなかった。その希望とは、ゴーダマはまだ若い。世間の波風を知らない。生老病死を超えるという大望は、たしかに、いさぎよいが、そんなことは人間にできるものではない。やがて、ゴーダマも、矢つき、力つきてカピラに帰ってくるであろう。そのような場合、彼を一人、このまま放っておいて、出城を黙認した形にしておくと、いざ帰城ということになったときに、城に帰ることはできにくくなろう。食糧が城から届き、このわしの命令によって、五人の者から自分の身が守られていることを知れば、城とゴーダマとの絆はいつまでも切れることはない。願わくば、この五人の者によって気軽に帰城してほしいと王は強く望んでいたのであった。

だが、この王の最後の願いも、時が経つにしたがって、色あせ、願いのままで終ってしまうのである。

というのは、ゴーダマをして出城を決意させた根本の理由は何かといえば、その第一に母親マヤの死があった。第二がカピラ城内外における貧富の差。第三は戦乱にたいする厭世感。第四に、マーハー・パジャパティーの子ナンダ出生による王子継承問題。第五は、妻ヤショダラを中心とする女性同士の相克《そうこく》であった。

「生老病死」という大いなる疑問は、実は、こうした現実的五つの問題から類推的に浮

かび出てきたものであり、もしも、このような原因がなければ、
〝人間とは何か〟
という疑いすらいだくこともなく、カピラで平凡なその一生を終えていたであろう。
ゴーダマの苦悩と出城の決意は、このため、シュット・ダーナーが考えていたほど、甘いものではなかったのである。

王の命令によってカピラを後にした五人の者は、心当りを、ゴーダマを求めてどこまでも歩いた。行者のところへも何軒か寄ってみたが、容易に、行先がつかめなかった。

カピラを出て七日目であった。

ゴーダマは多くのシャカ族によってその姿を発見されてしまったのである。その地はすでに述べたようにバッチ国のヴェッサリーの北部にある小さな村はずれの林のなかである。カピラでの生活と、出家について反省しているところをみつかった。そして八日目の朝、二十九年間を清算してヴェッサリーに向うのであるが、七日目はいわばゴーダマの腹が決まった最後の日であった。ゴーダマ発見のきっかけはチュンダカによってであった。彼の服をゴーダマが着ていたからであった。

彼らはゴーダマの姿を認めると、そこから二十米《メートル》と離れていない大木の繁みにかくれ、禅定中のゴーダマの様子をうかがった。彼らははやる心をおさえながらゴーダマを遠きにし、その距離をちぢめていった。ゴーダマは人の気配を感じていたが禅定を続けた。彼らは、ゴーダマが禅定を解くのをまって、父王のなげき、カピラ城内での模様を伝える心算でいた。禅定の邪魔をしてはいけないという彼らの心遣いからであった。ところが、その禅定がなかなか終りそうになかったのである。誰も彼もがジリジリしてきた。父王の命令を待つまでもなく、何十人という人たちが、マッシェル大臣の内命で四方に散っていったのである。その一団が今こうしてゴーダマを発見した。発見するまで六日を要している。チュンダカは正座しながら両手を前に差しのべ、額《ひたい》を地面にすりつけて、ゴーダマの帰城を哀願していた。忍従にも等しい一時《いっとき》であった。

体の大きいコースタニヤが、ゴーダマに近づくなり、ついに口火を切った。

「ゴーダマ様。父王をはじめ皆さまは、あなたさまの出城に深い悲しみにくれています。カピラにお帰り下さい。こうして私たちがお会いできたのも父王の神仏への祈願が通じたものと思います。どうぞ出城を思い直してください」

彼は首《こうべ》を垂れ、哀願するように、禅定中のゴーダマに向って静かにいった。

コースタニヤの隣りにはマーハー・ナーマン、ウッパカ、バッティーヤー、アサジも片膝《かたひざ》を地につけ、口を揃えて帰城を進言した。

ゴーダマは先ほどから人の気配とその状況を知っていたが、禅定は解かなかった。人の気配を感じたとき、

〈とんでもない相手に見つかった〉

と思い、どう返事し、断わればよいものかと思案にあぐねていた。わけても人のざわめきを耳にしたおり、チュンダカの元気のない痩《やせ》細った姿をかいま見た。そのとき一瞬心が迷った。上司の何人かから、せめられたのであろう。彼自身も大きな責任を感じ、その責を果たすとなれば身はいくつあっても足りないと思い悩むチュンダカである。今、自分の目前で、慟哭《どうこく》する彼を考えると、ゴーダマの胸は痛かった。

ややあって、ゴーダマは静かに禅定を解いた。そして、はっきりと彼らに告げた。

「私は、一条の苦しみの原因を断ち切るために、カピラを後にした。私と同じ悩みの人々を救うためにも悟りへの道を究めなくてはならないのだ。父母や妻たちの悩みはわ

かるけれども、それはやがてそれ以上の苦しみを救うことができるということを知って欲しい。食糧や衣類は持って帰って欲しい。君たちのこころざしはありがたい。が、そうしたことは一切無用だ。今すぐここから帰って欲しい。私のことは心配することはない。両親をはじめ皆さまによろしく伝えて下さい」

まるで他人行儀のような口調であった。

一同は返す言葉がなかった。

しかしコースタニヤもアサジも、ゴーダマの気性は知りすぎるほど知っていた。いいだしたら後にはひかぬが、ものの哀れ、人の心を大切にするという点で、彼らはゴーダマを深く信頼していた。言葉は冷たくとも、少しも意に介さなかった。

彼ら五人は父王の命令もあったことなので、それでは、

「王子を守るため、私たちをお側において下さい」

と、ゴーダマに申し入れるのだった。五人は左膝を地面に落し、大きな体を前かがみにして、右手を胸に当て、同行残留の意思を示した。

ところが、ゴーダマの口から流れでたものは、

「——ならぬ。お前たちは城に帰るのだ」

と、その語気は峻厳をきわめ、あくまで彼らをつき離した。

五人は、とりつくしまを失ってしまった。

父王のシュット・ダーナーも信念の人であった。こうと決断すると、前言をひるがえすことは少なかった。しかし、父王は国王という立場もあったが、それ以上に、人の心理状態をたくみにとらえ、緩急自在に政治性を発揮するという一面があった。すなわち状況次第で妥協したり、懐柔《かいじゅう》の挙に出たり、進んだり、うしろに下がることを忘れなかった。だが、ゴーダマは、こうした政治性というものはまったくなかった。どちらかというと一本気であった。正しいと信ずると、なりふり構わず、どこまでも押していく。身の危険さえかえりみなかった。そうした一本気が、ゴーダマの場合、スーッと通って行くから不思議であった。身は王子であってみれば、たいていのわがままは通るものだが、そうした通り方ではなく、彼が動くと、周囲がいつの間にか心服してくるという通り方であった。

あるとき、こんなことがあった。

カピラに一羽の見事な孔雀《くじゃく》が舞いこんできた。父王は、これを捕えると、檻《おり》に入れ可愛がった。そうしたある日、下女が孔雀に餌《えさ》を与えている隙に、孔雀は檻から逃げだしてしまった。父王は烈火の如く怒った。下女を幽閉するとまでいいだしたのである。

これを聞いたゴーダマは、

「孔雀は逃げたのではありません。逃がしたのです。下女に命じたのはこの私です。幽閉するなら、この私をしてください」

「なんだと――。このわしの大事なものをお前が逃がしたと、わしの子といえども、わしの命令にそむく者は生かしておくわけにはいかん」

王は肩をいからせ、つい感情を爆発させてしまった。ものの勢いであった。だが、次の瞬間、王はしまったと思った。たかが孔雀一羽のことである。その孔雀と王子の生命をひきかえとは馬鹿なことを口にしたと、もう悔いていた。そう考えると、誰か、仲にはいる者はいないかと、あたりを見回すのであった。もうこのときは、王の心に怒りはなかった。顔だけが相変わらずの怒面であった。悔いる心がこういう芸当を、王に瞬間的に可能にさせたのである。

王のかたわらにいたマーハー・パジャパティーが、王の内意を察し、

「なにも孔雀一羽のことで、そんなに興奮なさらなくてもいいではありませんか。逃がしたというなら、そのわけを聞いたうえでご処置なされればいいでしょう。心をお静かにしてください」

と、口をはさんだ。

彼女は、ゴーダマの方に向きをかえると、

「どんな理由でお逃がしになったのですか」

と、たずねた。

ゴーダマは、彼女の目を射ぬくように凝視し、キッとなって、

「その前に、もしあなたがある国で道に迷って捕えられ、檻に入れられたらどうします」

と、逆にききかえした。

彼女は、とっさに返事に窮してしまった。

「……」

「孔雀といえども生き物です。しかも迷いこんだもの。野生ならば森に兄弟たちが待っ

ているでしょう。親なら子の孔雀がその帰りを待ちわびているにちがいない。飼われていたとすれば、その飼い主に戻してやるのが道だと思います。捕えたときから、父上がいつ放しておやりになるかと思っていましたが、放す様子がみえません。そこで私は、もといた古巣にかえすよう下女に命じたのです。父上におことわりしなかったことは重々おわびします。が、あんなにまで大事にしておられたので、ついお話ができず、一存で事を運びました」

ゴーダマは日頃の感慨を淡々と述べるのだった。

父王は、苦虫を潰したような顔をしてきいていた。

「わかりました。王子のいわれる通りと私も思います。孔雀は私の父に連絡し、取り寄せてもらいましょう。王様、今日のところは、この私におまかせ下さいませ」

パジャパティーは、王とゴーダマの間をとりもち、こういった。

孔雀騒動は、こうして落着《らくちゃく》をみたが、ゴーダマには、こうした一面があったのである。

なお、孔雀は、当時でも中インドを中心に全インドに分布していた。孔雀はキジ科に属し、インド・クジャクは頭頂の冠羽は扇をひらいたようにひろがり、体色は濃いあい色が主である。改良品種に白クジャクがある。インド・クジャクは、インド最美の鳥として、今日では国鳥となっている。またタイ、マレー半島、ジャワなどにもいたし、日本には五世紀の後半頃中国を経て渡ってきたものである。もうこの頃では家禽《かきん》として、飼育されていた。

コースタニヤたちは、ゴーダマにこれ以上いっても無駄とさとり、一歩さがって、これからの行動についてチュンダカをまじえ相談するのだった。

この結果、五人の武者は、ゴーダマの修行の邪魔にならない離れた場所で修行しながら、ゴーダマの身の安全を守ってゆくことで意見が一致し、カピラには帰らぬことになった。

カピラの報告役はチュンダカが背負わされ、彼は再三、五人に頼んでみたが、結局、お鉢は自分にまわってきた。彼はゴーダマの前に進み、別れの挨拶をすると、

「お前一人で帰るのか。皆によろしくいって欲しい。いつの日か会うときもこよう。それまで元気でなあ。ところでコースタニヤたちが見えなくなってしまったが、どうしたのか」

と、ゴーダマはチュンダカにたずねた。

チュンダカは先ほどの内輪話をいうわけにもゆかず、口ごもりながら、

「ハイ、ともかくひと足先に帰り、王子様の決心をご両親にお伝えいたします。どうぞ王子様もお元気で」

と、言った。

ゴーダマは、いつも叱られ役にはまってしまうチュンダカの立場を気の毒に思いながら、正道を得るためには、心を鬼にしてもと考え、これ以上言葉をかけなかった。

森林の一日がようやく終ろうとしていた。樹木の影が山肌に縞模様を描きながら、細長くのびていた。その間をぬって幾条もの煙がみえる。煙は天に向ってスーッとのびていた。煙は生あるものの証であり、修行者の夜の仕度の煙であったのだ。しかし、空はまだ明るかった。西の空は赤く染まっていたが、星影がみえぬほど青く澄んだ空間には、真綿のような雲がいくつも浮かび、夕日の色模様がそれを様々に変化させ、天然の妙をうたいあげていた。

チュンダカは、荷をまとめると、ゴーダマに一礼し、夕日に向って歩みはじめた。肩を落したその歩みに、力はなかった。悄然《しょうぜん》として樹海の彼方に消えてゆく一つの影は、

ときおり、ゆらいで見えた。ゴーダマは立ち上がった。そして、自分のかたわらから離れず、長く尾をひく一つの残影を、いつまでも見守り、その場から、動こうとはしなかった。

四　シュット・ダーナーとその一族のなげき

チュンダカはカピラ・バーストに戻った。彼がもどると、城内は騒然となった。チュンダカが帰ったという報せで、ゴーダマの帰城と思った者もいたし、真相がわかるかも知れないという者もあったからであった。

城内の騒然とした空気が大きくなるにしたがって、チュンダカの気持は、反対に小さくなっていった。ゴーダマ帰城の吉報を持ち返ったというのならまだ晴々とした気も湧かぬでもないが、二度と再び帰らぬ凶報を、城内の人々にどうして語ることができよう。まして、王の面前で、あるいは結婚して十二年ぶりに子の母となったゴーダマ第一夫人のヤショダラの前で報告ができよう。ゴーダマの子をラフラといった。ラフラとは橋の上の石という意味である。ラフとは石、ラとは橋のことである。当時はつり橋が多かった。つり橋の上に石が置かれ危くてその橋を渡ることができない。石と人の重みで、いつ、つり糸が切れるか知れないからだ。したがってラフラとは、障害物という意味にもつながっている。ゴーダマは出家することが出来ない悲しみからこのような名前をつけたのであった。父王はラフラが生れることによって、ゴーダマが出城を断念するものとかすかな希望をもっていたのである。だがこうした希望も、今や徒労に終ろうとしている。チュンダカの報告は、父王のこれまでの一切の計らいを、無に帰してしまうからであった。まさに諸行は無情であった。諸行無常という中道の心に人々の心が帰依するならば、世の無情にとらわれることはないであろうが、しかし、無常を無情と感じているうちは、中道の心はつかむことができない。無情には自我がある。苦悩がある。悲しみがあった。人がこの間をさまようかぎり、安らぎを得ることはできない。あれが欲しい、これが得たいという願いは、天と地、男と女、富と貧、支配と隷属《れいぞく》という間にしか生じない欲望だからである。もし人が、そうした相対の世界から離れて自分を眺め、ながめた自分から素直に外界をみようとするならば、こうした自我は生まれてこないものである。無情の感覚はそれゆえに、自我という自己保存にその根がみられる。そうしてその根のあるかぎり、人は悲しみから解放されることはないであろう。無情は常につきまとい、その人の心を苦しめる。無情が無常にかわるとき、人ははじめて、真性の自己をみる。すなわち、常なき姿の外界を動かしている神の心をみることができるのだ。常なき姿は、万物が生き、万生が生滅するための必要不可欠の要件として、永遠にかわらぬこの現象界の姿であり、もしもそうした生滅の姿がないとすれば、人も現象界も、その存続を許されなくなるのである。人はこうした現実に、こうした常なき現象界に、思いを向け、神仏の計らいが奈辺にあるかを洞察しなければならないのである。

父王の沈痛、ヤショダラのなげきを思うと、チュンダカの心はいよいよ重く、城内の騒然とした空気に反比例して、ますます硬く小さくなっていった。

しかし彼は、帰城と同時に、シュット・ダーナー王、近親者、重臣たちの待つ広間に急がねばならなかった。王宮の長い廊下は、これまで数回、足を踏み入れたことはあったが、今日ほどその廊下が短かく、冷たく感じたことはなかった。

チュンダカの姿を認めた王のシュット・ダーナーは、もうコトの真相をつかんでいた。チュンダカの憔悴《しょうすい》した姿が、すべてを語っていたからであった。

チュンダカのたどたどしい報告が終らないうちに、ヤショダラは、ワッと泣きだした。ゴーダミという第三の後宮も、こみ上げてくる悲しさを抑えることができなかった。

第二夫人のゴーパは、ゴーダマ出城の知らせを聞くや、その夜以来、臥所《ふしど》についてしまった。彼女にとってゴーダマは、人生のすべてであったからだ。ゴーダマとの語らいは、その一つ一つが脳裏に深くきざまれていて、いつでも思い出すことができた。自分ほど彼を案じる者はいないと自負していた。正妻と第三夫人の間にあって、女の性《さが》を呪ったこともあったが、ゴーダマの顔を真近にすると、そうした想いは霧のように消えていた。一時《いっとき》の喜びに、女の生き甲斐を見出していたのであった。だがゴーダマ出城とともに、そうした機会は、永遠に戻ってはこないのであった。ゴーダマのいない自分は、抜け殻同様であって、肉体はあっても、日一日、意識の感覚が遠ざかってゆくのを感じていた。チュンダカ帰還の知らせは、遠のいた意識を現実に引き戻してくれた。女官たちの助けを借りて、皆の集まる広間に身を運び、チュンダカの姿を望見したときは、それがゴーダマではないかとさえ心が乱れた。だが、チュンダカの報告は、ゴーパの一縷《いちる》の望みをも絶ってしまった。すべては終ったのであった。彼女は声も枯れて、その場に崩れていた。

シュット・ダーナー王は、チュンダカの報告を、耳を澄ましてきいていたが、

「もうよい。ご苦労だった。お前も疲れたであろう。早く帰って休むがよい」

と、彼の言葉をさえぎり、報告がまだ全部終らないうちに、こういい、労をねぎらった。

広間は、女の悲しみを映して、ますます重く沈んでいった。

しかし、年老いたシュット・ダーナーだけは冷静だった。前にもふれたように、彼はまだ一縷の望みを持っていたのである。ゴーダマはまだ若い。「生老病死」のナゾは、仏でなければ解くことはできない。彼の資質は親である自分にも不可解なところが随所にみられたが、しかし、所詮は人の子であり、わしの子だ。いずれ時がたてば、必ず帰ってこよう。帰還のための五人の武者が、わしとゴーダマとの絆をつないでいる。それだけでも、わしの心を知ってくれるだろう……。

五　女の布施

山中での生活には慣れてきたとはいえ、やはり、想像以上にきびしいものがあった。

その第一が飲み水である。飲み水は川から求めるより方法がなかった。川の水はたいていにごっており、それをじかに口にすることには勇気が必要だった。腹痛や下痢、疫病を覚悟するならそれもいいが、カピラとちがい何をするのも一人である。悟るまでは何事につけ自重せざるを得なかった。そこで飲み水は鹿の皮でつくられた水こしで、丹念にこしてから飲む。灼熱の太陽の下を流れてきた水である。雑菌が繁殖し、いくらこしても悪臭を放つときがあった。それを、目をつぶり、一気に飲み下すときの気持はなんともいやなものであった。カピラの水はうまかったと感慨をもよおすときはそんな水を口にしたときであった。

食べ物は、山中の森や川辺に樹木が繁茂し果物《くだもの》がたれ下がっているので、結構飢えはしのげたが、毎日果物ばかりというわけにはゆかない。そこでその時々の状況によって粥《かゆ》を求めに、町に出て托鉢《たくはつ》する。インドの地は当時からサロモン（比丘）に対する布施心が強く、軒先に立つと、人々は心よく米や野菜を与えてくれた。食べ物はいたって粗末なものだが、托鉢に出ると人々の人情が直接肌に伝わってきて、感謝の心がうちからこみ上げてくるのだった。

あるとき、ふと一軒の粗末な家の前に立ってしまった。家のなかは静かであった。家が小さいので軒先に立つと家の中までまる見えであった。視線をなかに移すと、家の主人らしき人がムシロの上に横になっていた。長いことわずらっているのであろう。体はやせ細り、静かに天井を見上げている。その父親らしき男の寝ている前で五人ほど、子供が車座になって、土間にじかに座っていた。髪を乱した母親らしき女が、その一人一人の子供たちに、わずかばかりの粥を配っていた。一見して、家の生活がわかった。ゴーダマは、きびすをかえし、立ち去ろうとしたとき、

「誰かきた――」

と、子供の一人が叫んだ。その声に、つい立ちどまってしまった。母親らしき女は、粥を配っていた手をやすめ、ゴーダマ・シッタルダーの姿をしげしげと眺めると、彼の前

に進みより、自分の分として残したわずかな粥だが、よかったら食べて欲しいと差し出したのであった。家の中は薄暗いのでよくみえなかったが、軒先まで出てきた女をみると、衣服は垢でよごれ、乱れた髪はホコリをかぶり赤茶けていた。陽焼けした顔には生活苦がにじみでていたが、眼だけは、美しく、澄んでいた。

ゴーダマは軽く会釈し、

「ありがとうございます。あなたのそのお心だけで十分です。心からあなたのお志に感謝いたします」といった。

だが女は、顔を横にふり、一口でもいいから食べて欲しいと願うのだった。

ゴーダマは思った。もしこのまま立ち去れば、女の厚意を無にすることになろう。一口の粥でもいいから食べて欲しいというその気持は、欲得を離れた彼女の現在の信仰心を形の上に表わす最大限のものであったにちがいない。供養の布施に自分の身を削っても差し出す女の気持に、家の中の生活も、病人も、子供たちの姿も、目にはいらなかった。ゴーダマは、出された粥を、軒先に立ったまま、手につまみ、一口、二口、口にした。

……こわばっていた彼女の顔は、ほころんだ。

ゴーダマも、微笑した。

彼は、深々と一礼してから、その場を去った。そしてその日は、真っすぐ山中に戻った。戻ってから先ほどの、あの彼女の布施の行為にたいして、あらためて考えさせられるのであった。心の通った布施というものは、人の心を感動させる。新しい勇気を起こさせる。邪心を払い、生れたばかりの、赤子のような心に立ちかえらせてくれるものであった。人間が、赤子のような心で、それぞれが調和され、助け合うことができれば、この世はそのまま仏国土になるはずであった。人々の悲しみをとりのぞき、喜びをわかち合う。こうした環境、そうした心こそ、人間本来の姿ではないだろうか。

現実はどうなのであろう。何の目的で、何を望むために、人々は争うのであろう。国を守るため、家を興すため、人々に号令をかけるためなのか。それがどれほど自分自身を助け、幸せにするのだろう。カピラでの生活は、こうした人情の機微、真心に接することは少なかった。いつ外敵が攻めてくるかわからない。恐怖と神経のいらだちのなかで、悪夢にも似た毎日がつづいた。食物は、たしかにまずくはなかった。しかし、敵のスパイがいつどこにひそんでいるかわからない。配膳係のリバリは、食べ物のなかに毒が混入されていないかと、細心の注意をし、ときには自分が毒味をして差し出してくれた。こうした緊張のなかからさし出される食べ物は、見た目は美しいが、食べても真底から食の味を知ることはできない。手のこんだ料理には飽きがくるものである。だが、粗食というものにはあきがこない。割烹料理は華やかで美しい。家庭もこうあって欲しいと思う時代もあるものだが、しかし、年とともに、家庭料理に、人間の舌は帰ってゆくようである。

先ほどの女の布施にゴーダマは、あらためて人情という人の世の愛の光に接し、身を挺しても、人間の在り方を悟らねばならないと思うのであった。

ゴーダマ・シッタルダーは、乞食《こつじき》をはじめるようになって、人情の機微にふれることができたばかりか、粗食の味も覚えることができた。

乞食は、なれると何の抵抗も、苦痛も感じない。しかしカピラを飛び出し四日目のこと、水と果物では腹にこたえがないので、見よう見真似で托鉢に村まで出たが、食を乞う勇気はなかなか出てこなかったのである。王子から乞食という生活の大転換は、三日や四日の日時では無理があった。空腹には勝てぬので思い切って、家の前に立ったときは、足元がふらつき、道行く人の視線を背にうけているようでぎごちなかった。それでも米と野菜を得たので林に戻り、粥をつくってみた。できた粥は歯ごたえがありすぎた。なれぬので米にシンがあったのである。それでも空腹と野外料理のうまさに、思わず顔がほころんだものであった。

城の生活には外敵の侵攻という恐れが絶えずあった。野外での生活はそうした心配はないが、獣という大敵がいた。蛇、ハイエナ、トラといった野獣が、いつ襲ってくるかわからなかった。そこで、禅定をするとき、夜やすむ場合は、必ず火を焚いた。やすむ場所は大木の根元か、洞穴のなかを選ぶ。蚊や毒虫を防ぐには、薬草をしぼり、液をとり、全身にそれを塗っておけば近寄ってはこない。

夜の森林は、野獣の咆哮《ほうこう》が無気味に樹木をゆさぶり、風の音は大地を巨大な生き物と化した。なれぬと一夜たりともとどまることを拒むが、しかしこれが修行であり、この地しか居住するところがないと腹が決まると、森林での生活は、いたって気楽であり、城での生活がいかに苦痛であったかがわかった。

日中は、木陰の位置で時刻を定め、遊行と禅定のわりふりを決めた。夜間は、星の位置によって行動をした。

六　疑問と解答への遍歴

カピラを出て六日目の夕方であった。バラモン系の比丘が森の中に入ってきた。年の頃は七十をすぎていようか。適当な場所をみつけると、もう瞑想にはいっていった。

バラモンの家庭は六、七歳になると約十二年間、師の家庭に入って、ヴェーダや祭事について学ぶ。そうして、我が家に戻り、家庭生活にはいる。祖先の霊をまつり、社会的、宗教的義務と社会人としての役目を果たしてゆく。やがて、ある一定の年齢がくると、子供に家事を托し、森林にはいり、瞑想と苦行の修行生活を送るならわしになっていた。

バラモンの修行の特徴は、こうした森林生活を営む場合、必ずしも男子一人とはかぎっていなかった。夫婦で、それに励む者もあったのである。この点、他の社会とちがい、男女平等観が、現代ほどでないにしても、当時としては、他の社会から比べるとすすんでいたといえるだろう。

この時代の僧をサマナーと呼んだ。更に年老いて、森林生活にはいり、遊行の旅を楽しみ、各地を托鉢による布施で生活しながら遍歴をし、瞑想愉伽（ヨガ）を行じ、苦しみの一条から解脱を目的とする生活にはいってゆく晩年をサロモン（比丘）と呼んだ。

バラモンにおける出家の風習は、ウパニシャードの時代から行われており、珍らしいことではなかった。幼年、青年、壮年、老年の四段階のアーシュラマー（修行）があって、それが彼らの一生を支配し、生活を形づくっていた。

ゴーダマ・シッタルダーの幼年期は、バラモン学者であるヴィスヴァーシトラ、クッシャンテヴティーが家庭教師となって文武両道について教えてくれた。バラモン教のリグヴェーダやウパニシャードについては、主として耳学問ではあるが学んでおり、神仏の信仰については、自分なりに解っていたのである。

当時のインドの社会は、バラモン僧を最高にクシャトリヤ（武士）、ヴェシャー（農民）、シュドラー（奴隷）、という四段階の厳しい階級制度があって、人間の社会生活をしばり、シュドラーは永遠にシュドラーであり、その上のヴェシャーになることはできなかった。日本の封建社会の士農工商より、もっとひどいものであった。士農工商は、いわば封建社会の経営的な立場に立った階級制度と考えられるが、インド社会の場合は、一国のなかに、更に四つの小国、部族が存在するように、生活に必要なこと以外は話をすることも禁じられていた。ちょうど同一民族のなかに、四つの人種が存在し、階級制度はいわば人種差別に似た制度であったといえるのである。しかも、これらの一つ一つの階級のなかには更に細かい階級制度があり、バラモンのなかでも、下級バラモンは永遠に下級バラモンであったのである。

ゴーダマ・シッタルダーが王子を捨て、森林生活にはいったその修行そのものは、バラモンの最終コースであったサロモンとしての修行であった。

修行者の中には理屈をこね、優越感に酔っている者たちも多くいたし、宗教的な考え方、思想は、多種多様であった。

彼の眼の前で禅定しているバラモンの修行者は、どちらかというと、悟りのためというより、森林生活という一儀式のなかに、自分自身を置いているような雰囲気を持っていたのである。

ゴーダマは、修行者が立ち上がるのを待って川にゆき、体を洗った。先ほどの年老いた修行者は、こうした修行に、いかにも手なれたという風に、泰然とし、体をすいでいた。

　ゴーダマは禅定の在り方について、この老僧に質問してみた。はねかえってきた言葉は、低い段階の考え方であった。その目的とするところは一切の雑念をはらい、無になることであるという。無になったときに、仏が現われ、自分と仏は一体になるというものであった。

　――想念を無にする。瞑想三昧は、人によっては雑念から遠ざかることができよう。しかし、雑念が浮かばぬことがただちに仏の境涯に、どうして結びつくのであろう。クシャトリヤの武術の稽古にも無念無想ということがよくいわれたものであった。自分が無になると相手の動きがわかり、相手に打たれることがないというのだ。ところがこれまでの経験では、無念無想という心の状態は、人間が呼吸をし、意識がめざめているかぎり、そういう瞬間は生れても、永続性のないものであった。またそういう心の状態は、悟りには縁もゆかりもない、ただの想念にすぎないということも実感として感じられていたのである。

ゴーダマは、一礼して、自分の居場所に戻った。

ゴーダマはガヤ・ダナーを自分で選んだ修行場と心を定め、悟るまでは、ここを離れまいと誓っていた。カピラを出てすでに数カ月がたち、サロモンとしての修行は、もうすっかり板についていた。

彼は、禅定をしながら、現在までの行程に想いをめぐらしていた。

出家の出発点は、まず、バッチ国の都ヴェッサリー。コーサラ国の都、シラバスティー。マガダ国のラジャグリハ。カッシー国のパラナッシー。そうして点々と各地を遊行し、ガヤ・ダナーに辿りついた。

各地を遍歴したそもそもの理由は、師と仰ぐ導師を求めたためであった。だが、導師と仰ぐ師は一人としていなかった。

ヴェッサリーの郊外にあるアヌプリヤの森。その南側に位置する森林地帯には、ヴァックバー仙、更に西南にアララ・カラマー仙の修行場があった。アヌプリヤの森から修行場を望むと、まるで風景画を見るように、山水が調和され、心が洗われる思いがした。

ゴーダマはこの地を踏んだときは、思わずその美しさに声をのんだものであった。だが、その自然美とはウラ腹に、その修行場は、いわば修羅場といってもいいような苛酷な肉体行に明け暮れる場であった。ヴァックバー仙は肉体行で煩悩を滅却することによって、人は天上界に生れるという。いわれてみると成程と思うが、しかし、仮に天上界に生れたとしても、転生輪廻の法則からすると、再生したときにまた同じ苦しい修行をしなくてはなるまい。

因果の法則も輪廻するという事実を肯定するならば、肉体行の修行は、決して心の安らぎを得ることはできない。なぜなら、現在の因が未来の果となって現われるとすれば、この世の厳しい肉体行は、その結果として天上界に昇ったとしても、その行は永遠に続いてゆくものであるからである。

解脱とは、人生の苦しみからの解放である。苦しみの連続が、どうしてその苦しみからの解放につながるのだろう。苦は楽の種なのか。楽は苦の因子なのか。

ゴーダマは、ヴァックバー仙の修行には同調できなかった。

一方、アララ・カラマー仙の教えは、

「生老病死の苦しみは〝我《が》〟が基である」

という。

我を捨てるためには、禅定によって、非想《ひそう》から非非想《ひひそう》の境地に達することによって、悟りの道に到達することができるとしていた。そこでこのためには、静かな処で戒を守り、謙遜、忍辱《にんにく》、戒、そして悪から遠ざかり、不善の法を行わず、ひたすら禅定に入り、悦心に入り、悦心を捨て、正念に入り、楽しみを受ける基をつくり、やがてその楽を除き、すべての外界から受けるものを捨てて、無想の報いを受ける。

これがすなわち解脱であるというのである。

また生命は、その基は混沌としたもので、わけのわからぬつかみ得ないものである。その混沌とした生命から我が生じ、この我から愚かな心が生れ、愛執にとらわれてゆく。この愛執が肉体を生じ、あらゆる煩悩が生れ、この姿が流転されて、生老病死の苦しみが起こるものと教えていた。

一見この説も、なるほどと思われる。

しかし、想わぬ想いはないし、その想いを断ち切るという想いも、想いの執着ではないか。非想から非非想というその根底の考え方は、人間のありのままの姿、いうなれば、想念という不可欠の人間の意識の動きを、無理にとめようとする意思の働きを意味している。意思の働きは、たしかに人間の魂の向上を助けよう。けれども、湧いてくる想いを、それをとめようとする想いの働きは、それはそのまま新たな想いを作り出してゆくものではないか。

この説は、想念の堂々めぐりを意味していた。

アララ・カマラー仙の禅定の修行にもゴーダマには疑問が残った。

更に、ゴーダマをして、不可解な疑問は、人間はこのような修行のために生れてきたのであろうかという疑問であった。悟るために、肉体をいじめる。悟るために、山にはいって禅定三昧のみにふける。もし人間の目的がこの二つに集約され、そのために生れてきたとするなら、人間ほど哀れな、悲しき生物はいないということになろう。なぜなら、いずれの行も人間の性を無視しているからである。人間は、生れながらにして、眼もあり、鼻もあり、口もあり、耳もあり、手もあり、足もあり、そうして思考するという能力もある。なんのために、こうしたものが人間に与えられているのか。こうした与えられた機能をなぜ、ふさがなければならないのか。なぜ、与えられた手や足を、火に焼かなければいけないのか。人間の思考と五体は、この地上に生かされ、生きていくために自然が与えてくれた最低の保障であるはずである。生きるように作られている。生きられるように与えられている。それをどうして、故意に、人間のささやかな思考と意思によって、その保障を破棄しようというのだろう。

ゴーダマは、人間性を曲げた修行には、どうしても同調できぬばかりか、バフラマン（梵天《ぼんてん》）の心は、こうした修行のなかからは摑み得ない、生老病死の苦しみは、こうした両極端の思考と行為からは、けっして解放されることはないであろうと、あらためて思いいたるのであった。

だか、しかしである。それに変わる手だてはあるのかというと、全くみつからなかった。今自分のやっているサロモンとしての修行はいわば、アララ・カラマー仙が行じている仕方に似ていた。食事と托鉢、ときおり、川に行って体を洗う以外は、いわば禅定三昧にふける生活であるからだ。アララ・カラマー仙とのちがいはといえば、彼には、はっきりした考えと方法を持っていたのにたいし、自分は、内から湧き上がる疑問にたいして、その一つ一つを克明に、自分なりに解答を出してゆくというやり方である。形の上では、双方とも禅定の仕方は同じだが、中身が全然ちがうという点であろう。しかし中身はちがっても、今自分のやっている疑問解答の方式が果たして、いつどこに到着するのやら、あてはなかった。船出した船が、目的もなく大洋をさまようのに似ている。嵐に出会い、波にのまれてしまわないともかぎらぬのだ。

協力する相手もいないとすると、無事に目的地に着くという希望よりも、難破の憂《うれい》の方が、はるかに大きいといえそうであった。求めた道とはいえ、ゴーダマの前途は、鳥獣を追う道なき道をゆく狩人にも等しい行為といえなくはなかった。

ゴーダマ・シッタルダーは、ヴァンダバ・ダナ（ヴァンダバ仙）の洞穴を拠点として修行に入り、バラモンの行者と同じように、ラジャグリハの町へ托鉢に行くことがしばしばあった。

マガダ国は、ビンビ・サラーという王が支配していた。信仰心の篤い人で、修行者にたいしては常にもてなし、その労をねぎらった。王がそうなので、百姓たちの修行者にたいする布施心も行きとどき、家の戸口に立てば、必ず何がしかのものをささげてくれる。

ビンビ・サラー王はまた、修行者の中から選んで、城内のクシャトリヤとし、面倒をみていた。

ゴーダマのところにも王からの使いが来た。城内で王と会うと、王はこう質問した。

「あなたはどちらの国から修行にこられたのか」

ゴーダマは答えた。

「私は、コーサラ国の属国シャキャ・プトラー（釈迦族）の王子、ゴーダマ・シッタルダーと申します」

「ほう。しかしなぜそのような尊い身分の方が出家されたのか。本当に惜しいことだ。ぜひ私の城にとどまって欲しい。望むものは何でも用立てよう」

王はやさしくそういわれ、クシャトリヤになることを望んだ。しかしゴーダマは、

「私は、いっさいの欲望を捨てて出家しました。ご親切はありがたいのですが、最高の悟りを得て、仏陀になる、そのために修行しておりますので――」

と、心中を語り、辞退した。ビンビ・サラー王は、ゴーダマの固い決心に、それ以上要請しなかった。その代わりに、

「ガヤ・ダナーというところに、ウルヴェラ・カシャパーという聖者がいますよ」

と教えてくれた。しかしゴーダマは、今まで師を求めて来たが、同じ結果になればそれだけ悟りが遅れてしまうだろう、と思い、王のこころざしに、

「ご縁があればお会いできるでしょう」

と挨拶し、帰りかけた。王はそのとき、ゴーダマ・シッタルダーの肩を叩いて、

「あなたが最高の悟りを得たときには、ぜひラジャグリハでお会いしましょう」

と、再会を約した。

ゴーダマはウルヴェラ・カシャパーとは、その後六年余、顔を会わせることがなかった。結局、悟った後、ビンビ・サラー王の言葉を思い出し、彼の修行場を訪ね、彼をはじめ、その弟子たちを帰依させてしまうのである。

七　暗中模索

暗闇の山中と同様に、ゴーダマの心のなかは、ひとすじの光明すら見当らなかった。疑問解答の神理の追究は、四六時中、無制限に続くものではなかった。追い求めれば求

めるほど、問題は遠のいてゆく。ある事を一点に集中し、あれこれ角度をかえて解答を求めようとすると、頭のシンが痛くなり、眼は充血してくる。ものを考えるということの肉体の疲労度は、労働のそれよりも数倍のエネルギーが消耗する。もつれた糸が一つ一つ解きほぐれれば、疲労の何割かは補い得るが、出城以来、これといった手がかりすら、つかんではいないのである。このため、緊張が絶えず心の中を占めていた。あせりもあった。鍛えた肉体は、次第に衰えをみせ、出城以来わずか数カ月の間に、頬はこけ、見えなかった肋骨が皮膚の間を食い込むように陰影をつくっていた。ゴーダマはときおり、大の字になって夜空をながめた。そして大きく吐息した。緊張をほぐすためであった。

雲一つない夜空はたしかに美しかった。砂金の群はゴーダマの心とかかわりなく、明るく、素直に、まばたいている。大きく、小さく、キラキラと、まるで生き物のように、ゴーダマを見下ろしていた。じっとその天空を見つめていると、その明滅する星群が、静かに近寄り、語りかけてくるようであった。星群は何もいわぬが、その明るい明滅する光は、無限の包容を持って迫ってくるのである。彼は静かにまぶたをとじる。すると明滅する光は、一つの大きな光体となって、身も心も暖かく包んでくれた。彼の意識は光のドームの中を物凄いスピードで飛んでいた。光源を求めてどこまでも飛び続けているのである。悩み苦しむ一個の自分は、もうそこにはなかった。ゴーダマの意識は、天地を支配している慈悲の光明のなかにとけこんでいるのであった。

ハッと我にかえると、今の今まで暖かく包んでいた大宇宙の慈光はあとかたもなく、やせおとろえた一個の肉体と自分がそこにあるだけであった。

「あの一つ一つの星にも生命が宿っているのだ――」

ゴーダマは、夜空を色どる星群に心をひかれるとき、いつもこうした感慨にうたれた。そうして三十年の人生をかえりみて、心が平安だったのは、母親の近くで遊びたわむれる幼ない頃の短い期間だけだったことを知るのであった。物心ついてからの自分は、国を守る、武に励むなど、王子としての責任が重くのしかかってくる毎日であった。心から笑えた日は、思い出すことが困難であった。

コースタニヤら五人のクシャトリヤはゴーダマを護衛するということで残ったが、これら五人は、その後、修行者として、ゴーダマと行をともにしていた。

いっときゴーダマはそれを許さなかったが、何日かして彼ら五人は、ゴーダマの修行の邪魔は一切しないし、自分たちは自分らの意思でサロモンとしての修行をするということなので、それ以上彼らの意思をこばむことはできなかった。

ゴーダマは、ときおり彼らと会って談笑した。

彼らは、もうすっかり修行者らしくなっていた。槍を投げ、刀を捨てた彼ら五人の身軽さに、父王には責任を感じても、これでよいのだと彼は思うのだった。彼らにはもう戦いの心配はないし、殺し殺される不安は一つもないからである。

五人は生れたときから、カピラ・バーストで育ったシャキャ・プトラー（釈迦族）であったのだ。

教育はバラモン学で、ヴェーダを中心としたものから、ウパニシャードによって、バラモンのサロモン（修行者）を頼んで、寺小屋式のなかで育った。

社会学はもっぱら外来の商人たちの話を聞き、宗教や商工業は、それぞれの専門の学者たちから指導をうけていた。

クシャトリヤは、武術の訓練はもとより、農繁期になると百姓に早変わりする。そうして、ヴェシャー（商工業者）やシュドラー（奴隷）を含め、同種族、同盟国を外敵から守ることを使命としていた。

釈迦族はもともとコリー族という豪族の集まりであり、そうして本家、分家が画然とし、当然のことながら世襲制度を採っていた。豪族の中から長が選ばれ、王位を継承していた。

政体は王が存在するのだから専制君主制かというとそうではなく、豪族の長老たちが意見を出し合い、合議制で事を決めていた。票決は、削った木に赤、青色を着色し、賛成は青色、反対を赤としていた。会議はいつも円陣をつくり、それぞれが意見を出し合い、最後に票決である。決定事項にたいして、王は素直にそれにしたがっていった。したがって釈迦族の政体はいわば共和制を採用していたわけである。もっとも今日の議会共和制（資本主義国家）や人民共和制（社会主義国家）とは異なるが、絶対君主制国がまだこの地上に存在していることを思うとかなり進んでいたといえよう。

ひと頃、カピラ・バーストは外来者の出入りをある程度自由に認めていた。ところが他国のスパイがこれに乗じて侵入し、城内の秩序や、死者を出すことがしばしばあったので、やがて城内は釈迦族一色で固められていった。

コースタニヤたちはこうした環境の中で育ち、成長していったので、彼らもまた心の安らぎを求めていたのであった。

刀や槍を捨て、今はゴーダマにしたがってサロモン（修行者）としての修行にはげむ彼らの姿は、カピラにいたときよりも明るく気軽だった。カピラにおれば、夜陰にまぎれて、いつ外敵に襲われ寝首をかかれるか知れなかった。日本の武士がそうであったように、彼らもまた刀を自分の身から離して寝《やす》んだことはなかったのである。

ところが今はちがう。人間の敵は一人もいないのである。身を構える必要がなくなった。人を信ずることができたのである。これは何ものにも勝る心の安らぎだった。しかも求道という目的があった。彼らには友もあった。ともすれば六根にふりまわされる迷いの淵に落ち込みそうになれば、友が助けてくれ、はげましてくれた。

ときおりゴーダマは夜中にめざめ、彼ら五人の寝所をみて歩いた。寝所といっても野外である。焚火の周囲に大の字になる者、背を丸め右腕を枕に熟睡する者。獣と見粉うような高いびきを響かせている者など、さまざまである。しかし五人が五人とも、安らかに寝入っている。

「これでいいのだ……」

ゴーダマは、過ぎたカピラに想いを馳せながら、そうつぶやくのであった。

しかし夜中、カピラに想いを向けると、ヤショダラ、ゴーパたちの顔が浮かんでくる。彼女らは微笑みかける。するとこちらもそれに引きこまれ、すぎし日の生活がよみがえり、煩悩の炎がメラメラと燃え上がる。しばしその中に耽溺して、ハッと我にかえる。

「――いけない」

思わず、自分の心にムチを打つ。追憶を楽しむ心の弱さに、自分で自分を恥じていた。出城の目的はなんであったか。妻や子を、そして国まで捨てたその願いは、一切の煩悩を断ち切り、人間の迷いを解くことにあったはず。五人のかつての武者たちをみて、つぃカピラのさまざまな情景が浮かんでくるようでは、これから先の道程はまことにけわしいといわざるを得ない。ゴーダマは己の心の弱さに、その弱さがどこからくるものなのか、立ち止まって、己自身をみつめるのであった。そうして人間の煩悩が、かくも根強く、行為として、姿、形に現われずとも、縁にふれると想念のなかで現象化し、動き出し、あたかもそれが現実のごとくよみがえり、真に迫ってくる不思議な生物であることに気づくのであった。

　五官六根に頼る人間は、眼に見えた姿、形にとらわれるものである。したがって行為以前の人間の想い、想念については、ついおろそかにしがちである。ところが、人間の本当の姿は、想念の中で生活し、呼吸し続けている。外界は氷山の一角にすぎない。

　女を見て、美しいと思う者。女を見て、みだらな想いに走る者。女を見て、殺意を感ずる者。女を見て、けがらわしいと思う者。女を見て、勇躍する者。女を見て、恥じらいを感ずる者。女を見て、動物と思う者。女を見て、義務を果たそうとする者。女を見て、幼児と思う者。このように一個の女から、人間はさまざまな想念の動きが生れてくる。そして人は、その生じた想念を、現実のものにしようと試みる者もあれば、想念の中に沈み、想像を発展させて生きてゆく者もいる。しかし、その何れであろうとも、女を見て生じた想念から、その想念にしばられるかぎりは、人は一歩もその外に出ることはないのである。国事に奔走する政務家。戦いに明け暮れる武士。金儲けに血眼になる商人。怠惰に身をゆだねる放浪者。いずれの場合も、想念というその心の動きが、その人を支配し、その人を動かし、その人をしばっているのである。そうして人は、その心の動きにしたがって生涯を終えてゆく。

人間の苦悩、憎しみ悲しみは、こうした想念の在り方に問題があるのであり、ヤショダラ、ゴーパたちに想いを向けることによって、つい、その追憶のなかに沈んだゴーダマの心は、身は山中にありながら、己自身はカピラの人となっていたのであった。

コースタニヤたちは、ゴーダマ同様若かった。男ざかりであった。城の内外の女たちとの話題に困ることはなかった。

焚火を中心に車座になって、カピラでの想い出に華を咲かせることも、修行の過程とはいえ、ままあったのである。こんなとき、みんな腹を抱えて笑った。そしてときには、町の火に心が動き、山中をぬけ出すのも悪くはないという者もでて、良友が悪友に一転することもあった。

毎日の食は粗末なものだか、若さというエネルギーの火は、それを補って余りあった。このため、本能のささやきを制するには、やはり、勇気と忍耐が必要だった。

一番鳥が鳴く頃には、ネランジャラの河辺に出て体を洗う。そして乞食に出る準備をする。小さな鉢を持ち、百姓家の軒先に立つと、家人の誰かがその鉢に粥をいれてくれる。五人はそれぞれの家の前に立ち、とりたての野菜、米をもらうこともあり、山中に戻り、語り合う毎日が続いていた。彼らはもうすっかり乞食の要領を会得し、いっぱしのサロモンとなっていた。

乞食を終えると、山中において、アララ・カラマー仙の修行である、瞑想の禅定にはいった。そしてときには、時間を区切って肉体行をやったりした。

あるときは、他の修行場を見て歩くこともあった。そして悟りのきっかけを摑もうと、説法や修行法を参考にしていた。

修行場にゆくと、説法者が神がかり的になり、五人は気分を悪くして帰ることがしばしばであった。大自然は明るく、のびのびしている。こだわりがない。人間はその大自然のなかで生きている。その生きている、生かされている人間に、不自然な形で、神と称して説法をする図は、まともな人間にはなんとも、いやなものである。彼らには絶えず怒りがある。中傷がある。奇がある。おごりがある。へつらいがあった。こうした平等でない心が、不自然な言動を呼びおこし、説法者をして、ますますその平常さを失わしめてゆく。行者の末路が不自然であり、哀れであるのは、自我の想念を持ったままで、自分を失ってゆくからであった。

五人は、こうした現実にぶつかると、不思議だとは思いながら、気分を悪くして帰ってくるのであった。

ゴーダマは、すでに頼れる師はいないことを知っていた。そして、「悟るためには、自分自身以外にはない」ということも自分にいいきかせていた。しかし、人間というものはやはり弱い者で、他に頼りたい、すがろうという心は、なかなか抜け切れないものがあったのである。

当時のインドでは、神・仏のことを梵天と呼んでいた。また、菩薩界以上の世界を梵天界ともいった。梵天とは古代インド語でバフラマンという。

ところで梵天の心の状態は、さきに述べたアラハン、ボサターよりも上の段階にあり、いわゆる、如来に近い心境を指す。梵天は如来になるための修行の場である。如来は大智識の持ち主ではあるが、梵天は、その智識の陰の補佐役となって、地上に、仏法流布の役が与えられている。このため、その智識、智慧の泉は、常にこんこんと湧き出て、乾くことを知らない。泉は神から与えられている。神というと、抵抗を抱く者もいるが、神が地上をつくり、人間を生かしていることを知ると、人の心がどんな風につくられているか、明らかになってくる。

ともかく、当時のインドは、梵天とは神の別名のように信じられ、修行者の目的は、梵天の心を得ることに向けられていたのである。

八　目覚めへのきっかけ

月日の経つのは早いものである。

城を出て、もう四年が過ぎていた。

歳月の基準は現代のように正確な暦というものがなかった。太陽の位置と、樹木の陰影によって見定めるのである。夜は星の位置をはかることによって、四季の移り変りを確認する。

雨期の時分であった。

ゴーダマは、心を静め、ひたすら瞑想三昧にひたっていた。洞穴の中は薄暗く、じめじめして気分も悪い。しかし、そうした環境にも拘らず、今日はどういうわけか心は落着き、気分もすがすがしい。瞑想が深くなるにつれ、急に眼の前が金色に輝きだした。同時に、ゴーダマの心を温かく包んでくれるような旋律に心を傾けながら、オーラのような金色の光に己を没入していると、その光はますます強度を増していった。やがてその光は人の形に見えてきた。

「梵天だ――。ああ梵天が現われた――」

ゴーダマは、思わず心のなかで叫んでいた。そして、四年の労が報いられた、と思った。だが、そう思った次の瞬間、金色の光はアッという間に消え失せ、今のいままで聞こえていた旋律は、洞穴の外の雨の音にかわっていた。

ゴーダマはまたもや梵天を見ることができなかった。これまで四年の間に、こうしたことが何回かあった。そうしてそのたびに、心を動かし、現実の自分に戻った瞬間、その金色の光は、暗闇にかわっていた。しかし、光をみるときは、きまって心はおだやかであり、自分を離れたときであった。

雨期のために遊行はできなかった。マンゴやリンゴを一日三個の割合で保存してあったが腐るものも多かった。一ヨジャーナーの広い山中から食物を集めて雨期にそなえたが、雨期明けの頃には毎年そうであるが、食べ物が欠乏し、何日間か断食に等しい状態になることがあった。

ゴーダマと、五人のクシャトリヤはもうこの頃では共に生活をしていた。しばらくは別々に、コースタニヤたちはゴーダマを遠巻きに守りながら、彼らは彼らで修行に励んでいたが、半年、一年と経つうちに、いつとはなしに、共に語り、共に寝ていた。

ゴーダマは、つとめて、主従の垣根を外そうとしたが、彼ら五人は家臣としての節度を守っていた。

雨期がくるというので、バッティーヤーは、蜂蜜を探してきて、鉢に保存し、それを少しずつ口にして体力の消耗をたすけていた。ときおりゴーダマもそれをもらって口にした。蜂蜜は当時のインドでは貴重品である。現代のように養蜂して蜜を採るという習慣もなかったし、したがって蜂蜜を口にするには山中をさまよい、偶然の機会でさがし当てるか、蜂蜜を餌とする小鳥を見出すことによって、その附近に蜂の巣のありかを発見するしかない。カピラでもときおりこの種の小鳥が迷いこむと、これを珍重したものである。そして、森や林にいき、蜂の巣のありそうな場所に小鳥を放つ。もちろん、小鳥の足に赤い布切れをつないでおく。小鳥が天空に舞い上がり、森に消えてもすぐ判別がつくようにしておくためである。

サロモンにとっては、毎日が粗食であり、栄養価の低いものしか口にはいらないので、蜂蜜は、貴重品の最たるものであった。

洞穴の外は雨がひどく、このため、六人は禅定の時間がどれくらいできるか、あるいは絶食して、その絶食がどこまで耐え得るかをきそったことがあったが、効果も薄く、意味がなかった。ふだんから食物が少なく、断食に近い状態でもあるので、断食を求める方が無謀であった。一週間、岩塩と水ですごしていると、肉体的苦痛がさきに立ち、禅定どころではなかった。食本能がめざめ、さまざまな食物が禅定中に現われては消え、消えては現われてきて、心の静寂は求め得べくもなかった。

また呼吸をとめ、それがどこまで我慢できるかについてもやってみた。何分か経つうちに、耳の中がガンガンしてきて、意識不明になることもしばしばあった。

マーハー・ナーマンは言った。

「ゴーダマ様、肉体を亡くして、最後の悟りが得られるのでしょうか。死ぬことが悟りであるならば、生れてくることが間違いではないでしょうか」

「その通りだ。肉体をこんなに痛めつけてはなるまい。生れてくるには生れてくるだけの目的なり、しかとしたわけがあるだろう」

ゴーダマはそう語りながら、

「この謎をまず解かなくてはならない」

と、独りつぶやいた。

マーハー・ナーマンとは従兄弟《いとこ》同士であった。彼も今ではすっかり修行者としての風貌を備えていた。厳しい修行のため、その大きなガッチリした体軀はやせ細り、眼光だけが異様にひかっていた。まだ二十代であるというのに、外見は、四十四、五歳に見えた。二言、三言会話すれば、年相応の青年らしいあどけなさを残していた。

カピラからはたびたび、使いの者が六人の修行場を訪ねてきた。使者はたいていカシャパラ・チュンダカであった。衣類と食べ物、それに薬まで運んでくれるのである。むろん王のシュット・ダーナーの命令によってであり、ヤショダラや義母たちの贈り物もあった。だが、そのたびごとにことわった。父王の温かい心づくしはありがたいが、それに甘んじては、悟りは遠のいてしまうと思ったからである。自ら厳しく律するところに、サロモンとしての修行があり、出城の願いも、悟るまでは二度と城の土は踏まぬ決意で出て来ている。

父王の心は心としながらも、その厚意に甘んじては、固い決意も崩れるおそれがあると考えていたのである。

しかし、雨期の最中、遠路はるばるこうしてカピラから、いわば見舞いに訪ねてくれる父王の心づくしと、チュンダカの行為に、ゴーダマはじめ五人のサロモンは、心のなかで感謝していた。腹も減り、衣服も乞食同様ボロボロなので、食べるものも食べ、衣服を改めたかった。それをこらえるのは、見方によってはヤセ我慢としか映らなかったであろう。ゴーダマ出城以来、チュンダカの役は、いつもこうして意にかなわず、終るのであった。彼は父王とゴーダマの間にありながら、ついぞ一度も、そのパイプ役を果たすことができなかったのである。彼は荷をまとめると、無情にも等しいその雨のなかに消えていった。

　雨期が終りをつげたある日、ゴーダマは思った。

「コースタニヤたちと共同生活はしてみたものの結果は少しも前進しない。共同生活をするとカピラでの生活の延長にもなってしまって、王子と家臣という関係が生じてきてしまう。お前たちはなにかと気を使ってくれるし、こちらもついそれに乗ってしまう。修行はあくまで一人でやるべきであろう。他人の肉体的苦痛を自分がかわろうとしても、それはできない相談だ。子の病気を親が背負うことができないように、悟りもまた、独力であるはず……」

　こう決まると、ゴーダマは一時彼らと別れをつげ、ガヤ・ダナーに行った。そしてフイフイ教の修行者であるワイヤリス・スタディーという年老いた僧に会い、話し合った。フイフイ教の修行はやはり肉体行であった。肉体煩悩を滅却することによって悟るというものである。ヴァックバー仙と、そのやり方はあまりかわらない。しかし、悟りのなんらかのきっかけがつかめればと考え話し合ってみたが、心の問題については、まったく解答が得られなかった。バラモン修行者にも会った。やはり同じだった。いずれも、アララ・カマラー仙より劣っていた。

やむなく彼は、再びウルヴェラに戻り、他の修行者たちの修行方法について、コースタニヤたちと語りあった。

ゴーダマの留守中、五人の修行者は、ラジャグリハの町で多くの修行者たちの説法を聞き、生老病死の問題について、たびたび討論をしていた。そしてその討論の結果、彼らもまた、悟りは、自らひもとく以外に道はないとの結論を得たようであった。

五年目の雨期がめぐってきた。ゴーダマは洞穴で禅定していると、再び眼の前が金色に輝きだした。その光のなかから、この世のものとも思えぬ鮮やかな緑が一面に展開している、牧歌的な風景が現われたのである。彼は静かに、その光景をながめた。樹木の一枚一枚の緑の色彩が鮮烈をきわめ、生々と躍動している。一つとして、黄色の葉はない。緑は、様々な色彩を見せながら、ゴーダマの心に食いこんでいった。ゴーダマは三十余年の間、父につれられ、あるいは狩の途中、戦いの合間に、さまざまな、眼をみはるような風景に接してきたが、そのどれ一つとして、今、ながめている景観に匹敵するものはなかった。自然は、生きている。緑は呼吸しているという実感が、これほど切実に、胸に迫ってきたのは、はじめての経験だった。

「――美しい」

感嘆の声が、腹の底からもれた。感動にふるえた。涙が、ふき出るように頬を伝わった。彼は静かに、眼をひらいた。眼をあけても、禅定の景観が、瞳孔に焼きつき消えなかった。彼はようやく、眼の前がひらかれたような気がした。悟りに前進したとおもった。

雨がやみ、時間を見て遊行にでても、心は軽く、重くのしかかっていたシコリのようなものが、取り払われたような気持であった。そうして、光の世界を通して、来世の姿についても、みとどけようと、決意を新たにするのだった。

二日、三日、四日と、心の静寂が続いた。不思議と、心に波風が立たなかった。行雲流水という言葉のとおり、ゴーダマの心は、自然の流れに乗っている感じだった。そうしてこのままいけば、悟りの境地に辿りつくかにみえたのであった。

だがしかし……その明鏡の心も、ふとしたことから曇ってしまうのである。

コースタニヤら五人と、バラモン修行者の口論が、そもそものはじまりであった。

バラモン行者が、階級意識をむき出しにして、彼らの修行をあざ笑ったのである。そして、あれこれと理屈をこね、なじった。

これを聞いたゴーダマは、今の今まで静寂だった心が、にわかに高ぶりをみせ、闘争心がムラムラとつのってくるのだった。

「バラモン種よ、そなたバラモン種は神仏の使いだという。クシャトリヤ修行者はバラモンの使人《つかいびと》という。いったい、その区分けは神仏が下さったものか、それともバラモンがつくり出したものか……」

するとバラモン修行者は、

「ヴェーダやウパニシャードの聖典には、バラモン種は、他のクシャトリヤをはじめとして、ヴェシャーやシュドラーを支配しているのだ。所詮は、武士は武士、商人は商人、奴隷は奴隷である。それが今の社会の姿だ。素人の貴公たちが神の子たる使命を果たすことは、もともとできるものではない」

「ではきくが、そなたたちのために大自然は存在し、他種の者には存在しないとでもいうのか。太陽は、バラモン種のみに、暖かい日ざしを与えているか。私たちにも平等に与えているわけはどういうことか……」

バラモンは口をふさいでしまった。わきに立っていたコースタニヤは、今にもその僧に飛びかかり、袋だたきにせんものと、青ざめた顔で相手をにらんでいた。

僧が去ってから彼は、

「ゴーダマ様がご一緒でなかったら、あの口をさいてやったものを……」

と、憤懣やるかたない口調であった。

修行者の間では、こうした宗教論争を好んで求めてくる者がいたし、自己の主張を押しつけて、得々とする者が多かったのであるが、この論争によって、せっかくひらかれた心を、ゴーダマは自らの手でとざしてしまった。感情の高鳴りほど、悟りにはほど遠いものはなかったのである。

「ああ……」

ゴーダマは星空を眺めて、深く嘆息した。

バラモン修行者との口論がもとで、せっかく得た心の平安を瞬時にして崩してしまったからである。水面に落ちた小石の波紋がなかなか消え去らないように、数日前のあの心の静寂に自分を戻すには時間がかかるのであった。瞑想しても、知だけで事足れりとする例の修行者の中傷と、あざ笑う顔が浮んできて、心の曇りは一向にぬぐい去らないのであった。

「いけない、これではならぬ——」

と、自分をいましめればいましめるほど、心の平安は遠のいてゆく。

道心が強くなればなるほど、心の平安を失うのは、水面の波紋が、岸に当って二重三重の波紋が描かれるように、こんどはそれにとらわれて、心を、ますます固くしてしまうからであった。

普通、他人から誹謗されると、つい自分をかばう心がでて、怒りの感情が燃えだすものである。他人から誹謗されるということは、誹謗される何かが自分にあるか、天の試練か、そのどちらかである。しかし天の試練といっても、試練に会うカルマ（業）が自分になければ試練はうけずにすむはずである。とすると、これも自分に帰着する。原因が自分にあるとすれば、その原因を静かに見渡すだけの心の余裕、寛容さがなければ、少なくとも道を求める者の態度とはいいがたい。そうしたもう一人の自分を忘れて、相手の中傷に反発してゆく態度は、もはや修行者とはいえないのである。

怒りの感情は、心の平安をもっとも毒す。なんとなれば、心の安らぎは人間感情のもっとも奥深いところにあるからである。もしも人間が、感情という情緒あるいは情操というものをなくしたならばどうなるであろう。人間はロボットとかわらないし、生きた人形になってしまうだろう。人のモノを横取りしようと、殺《あや》めようと、感ずるところがない。ものの哀れ、救いという愛の心も芽生えてはこないだろう。人間には感情という情緒があり、情操があるがゆえに、大自然の慈悲に感動し、愛の行為に、人は勇躍するのである。人間の感情は、それゆえに、人間であるがゆえのもっとも根源的な、もっとも重要な精神作用であり、これを無視して人間を語ることはできない。

感情とはそれほど大事なものだが、その同じ感情でも、怒り、中傷、ねたみの想念は、慈悲、愛の心を受けとめる、ないしは発動させる広い大きな情動を、表面的な感情想念で閉ざしてしまうために、これほど、悟りから遠ざけるものはないのである。

ゴーダマは、バラモン修行者の悪口につい乗ってしまい、怒りに燃え、自己弁護に等しい態度でこれに立ち向った。そして、その相手を言い負かすことによって、自らの行為を正当化しようとした。

考えてみれば、これほど道に外れた態度もないと思った。自己弁護には自分があった。自らを慰め、自らをやすきに導くなにものでもないからである。相対的な自分があるから、自己弁護がでてくるのであった。天地合一を自己の内に発見しようとするならば、まずこうした態度から改めてゆく以外にない。しかも自己弁護は、自己の相対観を、相手にも伝播させ、植えつけるものである。したがって自己弁護は、自分の心を傷つけるばかりか、相手の心をも傷つけるものであった。

正しく見る、正しく思う中道の悟りは、絶対合一の広い心が軸になっている。換言すれば私心のないことである。私心のあるうちはものを正しく見ることも、思うこともできないのである。

ゴーダマは、バラモン修行者と口論することによって、いったんは心を乱したが、しかし反面、中道の心についても気づきはじめていた。

九　一口の牛乳

城を出てから、はや六年がすぎた。

しかしまだ何もつかんではいない。禅定といういわば厳しい肉体行は、その長い歳月に比べると、心の安らぎという目的からすれば縁遠いものに感じられるのであった。カピラの地下室で、一人瞑想にふけっていた頃の方が、今よりはるかに中身があったような気がしてならなかった。

出城以来、六年目の終りが近づくにつれ、六年という時間と、悟りの質がどうしても結び合わなかった。果たしてこれでいいのだろうか、しばしばそうした疑問が修行の前に大手をひろげるのであった。それればかりか、かつてのたくましい肉体はどこへやら、まだ三十代のなかばだというのに、老人のようにすっかり衰弱し、骨と皮の死を待つ者の姿がそこにあるだけであった。

ゆるやかに流れるネランジャラの河は、衰弱した肉体を清め、すすいでくれた。腰までつかって水面をのぞくと、そこに映った自分の顔は、まるで他人であった。わずか六年の間に、自分は他人になってしまった。六年前も、今も、その自分になんの変化もないのに、肉体の方は全然別人だった。恐ろしいと思えば恐ろしいし、当り前といえば当り前だった。

ある朝、ネランジャラ河につかって体を洗っていると、数羽の小鳥が河を横切り、岸辺の森に飛んでいった。ゴーダマの頭上を低くかすめ、喜々としてさえずり、はしゃいでいった。彼らには、悩みも、苦しみもないようであった。小鳥たちの鳴き声が、鼓膜にいつまでも残って離れなかった。ゴーダマは河から上がると自分も小鳥のように、自由に、大空を駈けまわりたいと思うのだった。小鳥がうらやましく、ねたましく思えた。

しばらく牧草の砂地に腰をおろしていると、女の歌声が風に乗ってきこえてきた。その歌声は高く、低く、天界の音楽のようにひびいてくる。ゴーダマはじっと耳をすませてその音楽に聴きほれた。

弦の音は　強く締めれば糸は切れ
弦の音は　弱くては音色が悪い

弦の音は　中ほどに締めて音色がよい
調子合わせて踊ろよ　踊れ
みんな輪になり　踊ろよ　踊れ

ゴーダマはハッとした。朝もやをついて流れてくる若い澄んだ女の美声は、ゴーダマの心をゆり動かした。小鳥の自由をねたましく思ったその想いが一転して、修行者の自分に帰っていた。彼は全身を耳にした。そして、その歌に我を忘れた。東の空は今まさに山野をあかく染め、あの大きく、たくましい太陽が、天空にのぼろうとしていた。

「弦の音は、中ほどに締めれば音色がよい」

彼は、もう一度、歌の文句を、心のなかで反復した。

「――わかった。ああ、やっとわかった」

今まで求めてきた謎が、この歌声によって、天啓のようにひらめき、氷解するのだった。カピラにいた当時、芸妓から借りてよく弾いたことのある竪琴《たてごと》の歌である。文句も知っている。それが今の今まで思い出せなかった。彼女が口ずさむ歌声によって、六年の修行の謎がとけたのである。ゴーダマにとって、歌の主は、まさしく天女であった。

太陽は、東の山野とゴーダマを見下ろしながら、ゆっくりと昇っていた。

ゴーダマは腰を上げると、その歌声の方に向って走っていた。

声の主は、草むらのかげにつないである牛の乳をしぼっていた。乳をしぼりながら歌っているのであった。年の頃は十六、七。身なりこそ粗末だが、面長で気品のある顔立ちであった。

ゴーダマは、先方に気づかれないように、ゆっくりと近づき、彼女が歌い終るのを待った。

しおをみて、咳ばらいをしながら話しかけた。

「よい歌を聞かせてくれてありがとう」

彼女に向ってゴーダマは軽く会釈した。彼女は一瞬おどろいた風だったが、その慇懃《いんぎん》な態度に安心し、はずかしそうにうつ向きながら、

「しぼりたての牛乳です。よかったら一口いかがですか」

と、いった。

そして、顔をあからめながら、とりたての牛乳がはいっている瓶を持ち上げ、ゴーダ

マの鉢のなかに注いでくれた。

「ありがとう……」

ゴーダマは、ひと言礼をいうと、あとは心のなかで何度も感謝の言葉をくりかえすのだった。

「ところでよかったらあなたの名をきかせて下さい。名はなんというの」

「ハイ、チュダリヤ・チュダータと申します」

彼女は素直に答えてくれた。

「お年は……」

「十七歳です」

彼女は、はじめて顔を上げた。そして、ゴーダマをのぞきこむように見ていたが、急に何かにはじかれたように、一、二歩うしろに下がった。ゴーダマは微笑をうかべていると、彼女は瓶を脇におき、ひざまずくと、

「修行者様は偉大なお方です。どうぞお許し下さい」

と、まるで、モノノケに、つかれたように、ゴーダマの足下にひれ伏していた。

「チュダータよ、なにも心配することはないのだ。私はコーサラ国カピラ城の王子、ゴーダマ・シッタルダーという修行者だ。心配はいらぬ。さあ手を上げなさい」

ゴーダマがこういうと、チュダータは彼を見上げ、

「ゴーダマ様は光って見えます。まるで梵天様のようです」

と、口をふるわせ、ゴーダマに向って合掌するのだった。

この姿を、コースタニヤたちが遠くから見守っていた。

……ゴーダマは、チュダータに礼をいうと、五人の修行者たちのところにゆき、彼女からもらった牛乳を口にした。牛乳のうまさはまた格別だった。乾いた砂地に水がどんどん吸いこまれてゆくように体全体に滋養がまわってゆくようであった。

これを見ていたコースタニヤが語気を強めていった。

「ゴーダマ様、あなたは修行をやめたのですか。修行者は生臭いものを口にしてはいけないはずです。忘れましたか」

ゴーダマは五人の顔をながめ、

「このまま肉体行をつづけていては悟らないうちに肉体が亡んでしまう。私は、骨と皮

になったこの体をつくり直そうと決心したのだ」

と、きっぱりいった。

五人は怪訝《けげん》な面持でたがいに顔を見合わせた。

ややあって、マーハー・ナーマンが、

「あなたは修行を捨てた。やはりあなたは意志が弱い。最近のあなたは私たちと離れて一人で考えこんでばかりいた。そんなに修行を捨てたいなら、私たちは別の修行場にゆきます」といった。

五人はなにやら相談していたが、代表格のコースタニヤが主客ところをかえていい放った。

「ゴーダマ――。あなたとは今日かぎり別れよう。今までは弟子としてあなたをお守りしてきたが、もう王子でも師でもない。あなたの自由にしなさい」

「…………」

五人はうってかわって別人のようになっていた。その剣幕に、ゴーダマは唖然となった。

そして、五人はゴーダマの言葉をきこうともしなかった。

一〇　心の格闘

彼らはゴーダマから離れると、ゴーダマに一顧もせず、ネランジャラ河の岸辺に沿い、北に下って行ってしまった。

ゴーダマは思い思いに歩いてゆく五人の後姿を静かに見守っていた。彼らと数年間起居を共にし、ともに苦しみ、助け合ってきた仲なのに、それがひとくちの牛乳でこうも無惨にひきさかれるとは思ってもみなかった。

しかし、修行はもともと一人である。悟りも自分が悟るのである、友ではない。最初から一人で修行するつもりで城を出たのであるから、いまさら何もいうことはなかった。五人の自由は五人のもの。束縛する何ものもない。だがしかし、牛乳の一件で、たがいの意思の疎通を欠いた点は残念でならなかった。

ゴーダマは腹ごしらえすると、ウルヴェラの森に帰った。そして、今日から一大決心をして修行しようと誓った。ピパラの大木を見つけると、悟るまでは、決してここから動くまいと思うのだった。

その大木は樹齢、数百年は経っていた。数人の者がかくれるだけの太さである。したがって、その根元で禅定すれば、後から猛獣に襲われる心配はなかった。ピパラの葉は、雨露もふせいでくれた。葉は大きく、鬱蒼《うっそう》として茂っている。昼でも太陽の光を通さぬほどであった。禅定にはまたとない場所なのである。周囲は森閑として、静まりかえっている。誰に気がねもなかった。その場所から三十《メートル》も行くと視界はひらけ、風光はまことに明媚《めいび》であった。ネランジャラ河を眼下に見、沐浴も飲み水にも事欠かぬ位置にあったのである。

悟るまでは、ここより一歩も外にはでまい、この地こそ、天が与えてくれた今生での最後の場所であると、ゴーダマは思うのだった。

鹿の皮でつくった袋に飲料水を入れ、少々の岩塩と果物を集めてきて、木の根元に置いた。そうして、太陽の出る方向に正座し、チュダータの歌っていた民謡を思い出しながら、静かに瞑想するのであった。

つい昨日まで、コースタニヤたちと共に語り、道にはげんできたが、今日からはすべて一人である。いうなれば、もとのサヤに収まったという感じであった。他人に気を配ることもない。カピラを抜け出し光を求めたあのときの気持が、再び、戻ってきたのである。雑念にとらわれることも少ない。否むしろ、ゴーダマは、もう死んでもよいと思った。悟るまでは死ねぬと、五人と別れたときまで抱いていたが、一人になってみると、それすら捨てる気持になっていた。執着から解き放たれ、本来の自分に戻ると、肩の荷は軽くなり、心は自由に、のびのびとしていた。

瞑想していると、小鳥たちが手のとどくところまで近づいてくる。ときおり、肩のあたりにとまり、美しい声でさえずっていた。彼は眼をあけ、手のひらに餌を乗せると、小鳥はその上にとまり、つまんでいくのである。彼らは、この自分に、なんの不安も警戒心も持たなかった。ゴーダマも、それを不思議だとは思わなかった。しかしふと我に返り、小鳥たちをながめると、もうその場には、彼らはいなかった。

また瞑想中、野猿がゴーダマの背に乗り、しばらく、あたりを見回してから、木の枝に飛び移っていった。

瞑想中のゴーダマは、昨日までのゴーダマでは、もはやなかった。一切の執着を離れた自己にかえっていた。地上の想念から解放され、大自然の慈悲の心にふれていたのであった。

夜は焚火をし、禅定した。トラやハイエナの野獣から防ぐためではあったが、耳もと近くにその声をきいても、心は静まり、これまでのように、眼をあけ、身を構えるという動揺は起きなかった。

瞑想が深くなるにつれ、眼の前が黄金色にかわっていた。これまでにもしばしば体験した現象であるが、その現象がしっかりと現われてきた。黄金色の慈光が、錯覚であるかどうかを静かに眼をひらいて確めてみるのだが、それはまったく同じであり、眼前に燃えている焚火の明りとちがうことも確認されるのだった。しかも今までは、その慈悲の光は、眼をあけると、もとの暗闇にもどっていたのが、今は、眼をあけても、瞑目していても同じであった。それだけ、ゴーダマの心は、大自然にとけこんでいた。

〈心の調和を、よりいっそう進めるにはどうすればよいか……〉

ゴーダマは、ふと、そう思った。

しかしそう疑問が生じたときに、周囲を明るく、まろやかにつつんでいた黄金色の光は、あとかたもなく消え去り、焚火の赤々と燃える火が闇夜を照らしていた。

「さて、またしても前と同じ結果になったか……」

と、ゴーダマはつぶやいた。

ゴーダマは、再び、瞑想にはいろうとした。ゆっくりと眼をとじ、心を動かした波紋から離れようとした。すると、耳もとに、女性の声が聞こえてきたのである。

「シッタルダー様、私です。私でございます」

聞きおぼえのある声である。思わず、ゴーダマは眼を見開いた。焚火の明りを通して前方をみると、暗闇のなかに、ヤショダラの姿があるではないか。ヤショダラは、ゴーダマをなつかしそうに、こちらを見ている。すきとおるような薄手の衣がしずかに、ゆれて見える。微笑をうかべるヤショダラは手を差しのべ、ゴーダマを迎えようとしている。

「この真夜中に、なぜ、ヤショダラがきたのだろう。どうして、ここを知っているのだろう」

ゴーダマは、判断にこまった。

かつての妻と別れて、もう六年余りになっている。今では、カピラとの通信も途絶え、カピラの様子とて知る由もないのである。五人と別れて、五人の行先すらわからないのに、ヤショダラが偶然五人と会ったとしても、この自分の居場所がわかるはずがない。

〈不思議なことがあるもの〉

と、ゴーダマは思った。

〈夢ではないだろうか〉

と、自分を疑い、自分の膝をつねってみたが、やはり、現実に間違いはなかった。

よく見るとヤショダラのいる左の方にも人が立っているではないか。

ゴーパであった。

ゴーパも手をさし出し、しきりと、ゴーダマを迎えようとしている。

さらによく見ると、その周囲に、かつて言葉を交わした踊り子たちの姿もあるではないか。

はてどうしたのだろう。ヤショダラが死に、別れの挨拶に、ここまでやってきたのだろうか、とゴーダマは思案にあぐねた。不思議なことがあればあるものと、いよいよ迷った。

しかしゴーダマは、じっと前方を見つめたまま、立とうとはしなかった。

そのうち、ヤショダラの体が動いた。男を求める女の怪しい姿がそこに映ったのである。体をくねらせ、春を売ろうとする女に変っていたのである。

〈――悪魔だ〉

ゴーダマは、ヤショダラの媚態を見た瞬間、そう思った。

だが、そう思った途端に、ヤショダラも、ゴーパも、そして、踊り子たちの姿も、暗闇にかき消されていた。

ゴーダマの周囲は、もとの静寂にかえっていた。

ゴーダマが、悪魔と思った瞬間に、ゴーダマの体は、即座に、バフラマン（梵天）の光におおわれ、女たちの姿が消されていたのであった。

悪魔――。この得体の知れぬ怪物は、いつ、どこで、どう生じたのだろう。悪魔とは、いったい、どのようなものなのだろうか。

悪魔とは、人間の体に巣をつくる回虫のようなものなのである。回虫が体内に巣をつくると、食べたものは皆それらに吸いとられ、人間はやがて衰弱して死に至る。それと同じように、悪魔に魅入られると、人は正常心を失い、やたらと闘争心がつのってくる。そして、自分に敵対するものは、情、容赦もなく、これをたおさずにはすまなくなってくる。血をみて快感し、人の不幸に、冷然としていられる。自分に意識がもどったときに、なぜあんなことをしたのだろう、と思うのである。しかし、もうこれでは遅いのだ。

人の不幸や悲しみを喜ぶ者はない。だが、自分と競争相手にあるとか、頭を四六時中押さえつけている人が、たまたまそうした目に会うと、ざまあみろ、という心を持たぬ人は少なかろう。悪魔は、そうした心のなかに、巣をつくるのである。つまり、人の心のなかには、悪魔が、常に、ひそんでいるのである。そうして、人の不幸をもて遊ぶ程度が深くなるにつれ、いつしか自分の体が重くなり、環境が不調和になって、それから抜け出したいと願っても、もうどうにもならなくなってゆくものである。悪魔は、人間がつくり出した業想念であり、悪のエネルギーである。人間社会が混乱し、人の心がすさんでくると、悪魔となってあの世に帰った人間たちが、現象世界にひきよせられ、すさんだ人の心にはいり、いっそう悪事を働くようになるのである。

今から千五百年以上の昔は、悪魔が人の心を支配していたため、人を殺《あや》めようと、婦

あった。

たと思うのであった。そうして、悪魔の誘惑に負けてはならないと心をひきしめるので

ゴーダマは、暗闇の現象をみて、自分の心の隅に、まだそのような想念の残骸があっ

乱が続くと、悪魔は、時代に関係なく、人の心と隣り合わせに住んでいるのであばれ出す。

女を凌辱《りょうじょく》しようと平気であった。人の生命は虫ケラ以下であったのである。現代でも戦

生れてはじめて体験する今夜の現象を、しっかり心にきざみ、横になった。

焚火はピシピシと音をたてて、燃えていた。

──一夜が明け、一番鳥が鳴いた。

ゴーダマは、その鳴き声とともにめざめた。

一人になって一夜を明かした今朝のめざめは、なにか、すがすがしい気分であった。

心の重荷もなくなり、朝の空気は冷んやりとして、澄んでいる感じだった。

横になったまま、ピパラの大木の繁みを仰いでいると、小鳥たちがチイチイ、さえず

りながら、せわしく、枝から枝に動きまわっている。昨夜の現象にはまったく驚かされ

たが、しかし、何か心の周囲をおおっていた薄い膜のようなものが、一枚一枚はがされ

てゆくようで、心にこだわりがなくなってゆくさまが、感じられてくるのであった。

一一　光明への道（心の物差しの発見）

コースタニヤたちと別れて、二日目の夜を迎えた。

昨日から大自然を友として、自由な心で反省をはじめたが、六年余りも、ともに苦楽を過ごしてきた五人の仲間を思うと、やはり気がかりだった。

彼ら五人はどこに消え、今、どうしていよう。相変らずかたくなに、肉体修行に励もうとしているのであろうか。

今の自分は、過去三十年余をふりかえり、歩いてきた道程を静かに反省している。食べる物は食べ、寝るときには寝ている。悟るまでは死ねないという心も、生臭い物は一切口にしないという考えも、さらりと捨てた。そうして、生死の想いを断ってみると、実に気楽で、気分は爽快であり、とらわれを離れた人間の心は、これほどゆったりと、安らぎのあるものとは昨日まで、ついぞ考えてもみなかった。摂る物も摂らず、座禅一筋の肉体行とは雲泥万里の相違である。彼ら五人に、でき得るならば、昨夜来のこの気持を語って聞かせたいと思った。

いつかマーハー・ナーマンがいっていた。

「ゴーダマ様。肉体を亡くしてまで悟る必要があるなら、生まれてくることが間違いではないでしょうか――」

この問いにたいして、ゴーダマ自身も、はっきり答えられなかった。それはちがうと思いながらも、ではどうちがうかとなると明瞭を欠いていた。

今だったら、

「肉体には肉体の役割がある。その役割をなおざりにしてまで、なお悟りがあるとするのは明らかに邪道であり、観念の遊戯にすぎない。悟りという心の問題は、健康な肉体と、健全な心にある。病弱で意識が不明瞭な者が、どうして、神仏の心に接することができよう。大自然の計らいを見よ。太陽の熱・光は常に健康ではないか。わめくことも、怒ることもない。神仏の心は、あの太陽のように、健全な心と肉体にあるはずである。心をより広く、大きくひらくためには、まず健全な肉体が必要であり、欠くことができない。悟りの大きな前提は精神と肉体の調和にある。……」

と、いったであろう。

マーハー・ナーマンは、肉体行にたいして疑問を抱きながらも、一口の牛乳の一件で、彼らと行をともにしてしまった。

今さらどうすることもできないが、しかし中道の心について、彼らをひきとめ、もう少し話せばよかったと思うのであった。

——ゴーダマは、静かに瞑想にはいっていった。

瞑想すると、外の暗闇とちがって、黄金色の丸い太陽が柔らかい光を放ち、ゴーダマの心を照らしている。まるで真昼のような明るさである。その明るさが現実のそれと異なる点は、明るさにふくらみがあり、安らぎがあるということだろう。

その太陽の日差しを浴びて、自然の景観が、すこやかに息づいている。スロープのきいた広大な丘陵は、新緑の芝生で埋まり、ゴーダマに語りかけてくるようであり、こちらも、つい微笑み返すという心持ちであった。

鳥のさえずりが聞こえ、平和に満ちた丘は、どこまでも明るく、のびのびとして、そして自由であり、永遠の実在とは、今、現実に、自分がながめ、立っているこの場所ではないだろうかと、思うのであった。

我に返って目をひらくと、森林の暗闇が、そこにあった。

ゴーダマは、瞑想中の明るさと、目をひらいた後の暗闇に、ハッと思った。

瞑想中の現象は、現実の暗闇を映し出す次元の異なる実在であり、そうして、それはそのまま、明と暗という、心の内面を語るそれではないかと。すなわち、明の実在と、暗の現実は、そのまま、心の善悪を象徴しており、その善悪を見極めることこそ、悟りの本質に迫るものであると、気づいたのである。

ゴーダマの頬に熱いものが伝わった。こみあげてくる涙は、とめどなく流れていた。

落ちる涙をそっとふき、明と暗の心について追究していった。

太陽は丸く大きい。その熱と光を万生万物に、平等に与えている。

黄金色の心の世界を照らしている太陽も、慈愛の恵みを、惜しみなく与えている。

その心の太陽がなぜ暗くなるのであろうか。

地上に雲がかかると太陽の光がさえぎられてしまうように、心の太陽も、自らの心の曇りによって光がさえぎられてしまう。

人間の苦しみ、悲しみは、この曇りがつくり出しているのだ。

湖面に映る月は美しい。しかし、ひとたび波紋が描かれると、その月影は無残に崩れてゆく。

人間の心もこれと同じように、湖面に映る美しい月影はまるく豊かな詩情をたたえており、波紋という心の乱れさえなければ、いつまでも大自然の恵みと、その美しさを失わずに済むのである。

母親のそばで無邪気にたわむれる小さな子供はかわいいものだ。苦しみも、悲しみもない。しかし純一な子供が、時とともに成長し、家庭の環境、教育、友人の交流によって、次第に自我が芽生え、純一な心に陰をしのばせてゆく。やがて、周囲のさまざまな影響によって自己という意識が確立され、自己保存の念は、心身を形成して行く。苦しみの原因は、こうした自我のめざめからはじまるのである。

自我のめざめは、さまざまな波紋を描く。

自分の都合の悪いことには感情的となり、耳ざわりの良いことととなると腰を浮かしそれに乗ってしまう。なぜそうなるかということを、みつめようとしない。世の混乱のもとは、問題の原因を求めず、こうした自己の都合、現象に左右されてしまうからであった。

自然をいろどる様々な色彩、山川草木は調和されている。人間社会の闘争と利己主義、階級制度、バラモン種の優越感には多くの矛盾がみられる。

「生れてこなければ、このような苦しみを受けずにすむものを」

と考えるが、生れてきた以上は人間には、何らかの目的と使命があるはずである。

——その目的とはいったい何か。使命とは何なのか。

いかなる者も、いつかは年をとり、病気をし、死んでゆく。死から逃れることは何人もできない。ラージャン（王）もシュドラー（奴隷）も裸で生れ、そしてやがて死んで行く。死ぬときは地位も名誉も、財産も、すべてこの地上に置いてゆかなければならない。だが、それでも欲望の火は消えぬ。

五官を通して感知できる現象世界は、無常そのものである。無常と知りながら、欲望に満ち足りながらも、なお人間は悩みを持ち、欲望にほんろうされている。人生は、所詮苦しみの連続である。苦しみのない人生があるとすれば、それは現実との妥協か、逃避か、自己満足の何れかであろう。

「生れてくることがまちがい……」といわれても、太陽が東から西に没するという輪廻の循環は、人間の魂にとっても例外ではないはずだ。

とすれば、欲望を持ち、苦しみをいだいて一生を終えれば、その苦しみは繰り返すことになろう。苦しみの繰り返しは、人間にとって最大の不幸である。少なくとも、こうして人間として生れてきたからには、苦しみをいだいて死を迎えることはさけたい。万人が万人、その望むところは、死を迎えるまでに、その悩みから解放されることであろう。幸せこそ解脱である。その解脱の道とは何であるのか。万人に共通する解放への道は、どんな道であろうか。

人間はめざめているときはあれこれ考え、思い悩む。しかし、ひとたび眠ってしまうと、一切がわからなくなってしまう。耳や鼻、心臓も、胃腸も、めざめている時と同じように働いているのに、眠ると何もかもわからなくなってしまう。いわんや記憶すらも消えている。目がさめて、はじめて、昨日のこと、朝の現実を知り、再び、あれこれと想い、悩みがはじまる。

そこなのだ――。

苦しみの原因は肉体ではなく、心が問題なのだ。思うこと、考えることの心の作用が、諸々の苦しみや悩みを生み出している。その悩みは肉体の眼と、社会生活の体験と自ら学んだ知識によって、あるものを美と感じ、醜と見、善と思い、悪と断じているためにほかならない。

戦いに負けた、飢えた二人のクシャトリヤ(武士)があるとき、山中にまぎれこんできた。食べる物を求めてさまよい歩いていた。

と、二人は、大きなマンゴと、小さなマンゴが二つ生《な》っている木をみつけた。一人のクシャトリヤはその大きい方をとろうとして手をのばすと、もう一人のクシャトリヤが、それは俺が見つけたのだといって横取りし、小さいマンゴも奪ってしまった。二人は口論となり、争いとなった。奪ったクシャトリヤは、体力も武術も優れていたので、もう一人の男は苦もなく木の根元にねじ伏せられていた。負けた男は、己に力と武術があればと、怒りの眼で、マンゴを一人占めにし、ムシャムシャ食べている男をうらめしそうに眺めていた。

　二人の争いは欲望にあった。

　この二人に、調和という心があるならば大小のマンゴは等分にわけられ、ともに飢えをしのぐことができたであろう。だが、二人は先を争って、そのマンゴをとろうとし、ついには争いとなった。

「弦の音は中程に締めれば音色がよい」

とする中道の心が、この二人の武士にあるならば、こうした不調和な争いは生じてはこない。お互いに、生きんがための我欲と、中道という正しい見解を欠いたために、二人の関係は、争いと不平等という矛盾を生んだのであった。

　多くの場合、肉体の眼を通して得た自らの体験と知識は、我欲を土台とした偏見になっている。そのために、人間社会は、諸々の矛盾と撞着をつくり、自然が教える中道の心から離れているのだ。真実が不明になっている。わからなくなってしまった。国と国との争いについても、そのモトをただせば欲望である。自国の利益だ。自国の利益が失われる、あるいは、より大きくするために他国を侵略する。そうして、勝ったり、負けたりの繰り返しである。勝ち負けの輪廻は、その渦中から抜け出さないかぎり、永遠に続くだろう。すなわち、苦しみの輪廻は、その苦しみの中に想いが止まるかぎり、果てしなく続いて行くものである。

中道にそった調和を、人が志さないあいだは、真の幸せを摑むことはできない。まず人は、正しく見る目を養うこと。我欲を去った調和ある見解を持つように努めることであろう。

それには、己という立場があっては、正しさを求めることはできまい。正しさの尺度は、男女の別、老若の別、地位、名誉の別、こうした立場を捨て去って、一個の人間として、大自然の己として、そしてその心の目で、ものを見る、相手をみる、現実を眺めることであろう。

官職にある者が、ひとたび野に下ると、官職時の感覚とはまるでちがって、会社の利益のために、あとに残った後輩たちを困らせることを平気でやっている。そうかと思うと、ついこの間まで、鬼検事といわれ、恐れられていた人が、一夜にして弁護士に変身し、法廷で主客ところをかえて、弁護に立っている姿をみると、人の心の所在が、いずこにあるのかわからなくなってくる。

調和の基本は、まず何はさておき見ることの正しい評価にあるといえよう。現れた現象の背後には必ずその現象を映し出す原因がなければならないからだ。また、自分に直接関係のある諸問題が派生したときは、まず自分自身の心の姿を見ることが大事だ。肉体の眼を通して外界の動きを正しくみるためには、その眼の奥にある心眼がキレイに磨かれていないと肉眼に映った諸現象もゆがんでしまうからである。各人の心は鏡である。その想念という鏡をたえず掃除しておくことだ。掃除は反省を通して磨かれてゆくであろう。

「正見」につづいて、「思う」ことについても中道の尺度は必要だろう。

思うことも、自己中心になると人との衝突はさけられまい。思うことは具象化するからである。親愛の心を持って人に接すれば、人もまたそれに応えてくるだろうし、食べ物も、食器も、家も、着物も、テーブルも、橋も、馬車も、すべて「思う」ことから出発し発明化している。それゆえ、思うことが自己本位に流れると、人と人との調和を崩し、争いの種をまくことになろう。

「言葉」にしてもそうだ。

ヒョウタンから駒が……という古人の経験的な教訓は、一面の真実を語っている。相手を見下す言葉、野卑な言葉を使っていると、いつしかその言葉に自分の心までが犯され、相手の心を刺激し、争いの原因をつくる。言葉は言魂であり、生きた波動である。謙虚な言葉、いつくしむ言葉、優しい言葉、勇気ある言葉、思いやりの言葉など、正しく語ることの重要性は、人間が社会生活を営むかぎり、絶対に欠くことのできない要件の一つである。

ゴーダマは、明と暗の心について、一気にここまで追究してきた。そして正道に入る三つの尺度を発見し、正道の尺度は、これだけだろうかと思った。気持をリラックスし、さらに考えをめぐらしてみた。考えると、スーッと浮んできた。以上の三つのほかに「仕事」「生活」「精進」「念」「定」の五つがうかび上がってくる。

これまでのゴーダマは、一つの問題なり、その問題を解いてゆくのに、何日も、何カ月もかかった。が、昨夜来のゴーダマは、考えの視点をかえ、それに向うと、その問題に対する答えがまるで泉のように湧いてきて、不明の点が明らかになってくるのであった。智慧の袋が、自分の五体のどこかにあって、その袋から、ドンドン流れでてくるのである。自分でも不思議でならなかった。

まず「正業」に考えを進めてみた。「仕事」は、自らの生活を助けると同時に、人々の生活にうるおいをもたらすものである。健康で、快活に仕事ができるのは、自然の恵みと、人々の協力の賜であろう。正しく仕事をするには、まず感謝の心が大事であろう。そうして、その感謝の心は、報恩という布施の行為となって実を結ぶものであろう。地上の調和は、この「仕事」に対する心構えによって大分ちがってこよう。感謝と報恩を軸として、勇気と努力、それに智慧が三位一体となって働くときに、この地上はよりいっそうの豊かさをましてこよう。

「正しい生活」とは、人生の目的と意義を知った生活であろう。人間の生活は、大自然が調和されているように、調和にあるはずだ。助け合い、補い合い、笑いのある生活でなければなるまい。それにはまず己自身の調和をつくってゆく。自分の長所をのばし、短所を修正してゆくものだ。自分が円満になれば周囲もまるくなるはずである。自己をみつめる厳しい態度をはずして、正しい生活はあり得ないものだ。

「道に精進」とは、親子、兄弟、友人、隣人における人間としての在り方であろう。人間は大自然と人との関係を通して、はじめて自分自身の大きな自覚に到達できるものである。大自然もない、自分以外の人間も存在しないなどと考えるのは愚かなことだ。同時に、自分以外のあらゆる存在は、自己を認識するための材料であり、魂の向上に不可欠なものであろう。親子、友人、隣人の関係を通じて、自己の魂を正しく磨いてゆける現象界は、天が人間に与えてくれた慈悲でなければならない。

道への精進は、人間の特権であり、神の慈悲である。動物にはみられぬ偉大な要素を持った者が人間であるからだ。

ゴーダマは、「正進」について考えてゆくうちに、ハタと壁につき当った。

その壁とはカピラに残した妻や子、老いた父、多くの釈迦族であった。悟るために出家した、そのことにたいする疑問であった。自分が現在なしつつある行為が、自己の魂を正しく磨く道から外れているように思えたのである。少なくとも現在の自分は妻子をおいて城を逃げ出し、独りこうして禅定三昧にひたっている。正道の一つである「正進」に照らしてみると、自分の今の行為が正しいかどうか、となると疑問が残るのである。

ゴータマは、カピラの生活、出家の動機、現在の自分というものを、この際じっくり掘り下げ、反省してみようと思った。正道の尺度がわかり、その正道に自分自身の想念と行為が適っていないとすれば、ものを知っていてもわからないのと同じであるからだ。

しかし今夜は、この問題は後にゆずり、「正念」について考えていった。

念は願いである。念のない人生、念のない生活はあり得ない。人は今日より明日を思うから生き甲斐が生れるのであり、明日のない人生は死を意味しよう。今日に生きる者は強者だが、人間は、死の瞬間まで希望を託して生活していくものだ。その希望が自己本位に傾くと人との調和が崩れ、自分自身も立ってはいられない。念のあり方も調和という中道に適ったものでなければならないし、「正しき念」は無制限に発展する欲望をコントロールし、足ることを知った、人生の目的を自覚した願いでなくてはなるまい。

ここで念と祈りについて考えてみよう。

念も祈りも、ともにエネルギーの働きから生れる。

ものを考える、思うことが出来るのは、人間の五体の中に、そうした創造能力を生み出すエネルギーの働きがあるから可能なのである。睡眠中は、こうした能力は働かない。

これは、エネルギーの休息であり、同時に、エネルギーの補給のために、人間は、睡眠中に、次元の異なる世界に旅立つからである。

魂というと、否定する者もあろう。しかし、魂のない人間は一人もいないのだ。魂とは個性を持った意識をいうのである。睡眠は、魂と肉体の分離であり、このために、グッスリ眠ると鼻をつままれても、地震が起きても、わからないのである。目がさめるとは、魂が肉体に入ることである。考える、思うことは、肉体がするのではなく、魂を形成しているエネルギーの働きがあるから、可能になってくるのである。

念も祈りも、個性を持った魂の働きによって行なわれる。念は、人間の目的意識を現わした働きである。誰々と結婚したい、出世したい、事業をひろげたい、老後の生活を安定させたい、子供が素直に育って欲しい、というように。

人間である以上、こうした目的意識を持たぬ者は一人もいない。目的意識があるから、文明や文化が育ち、社会生活がエンジョイされてくる。

ところが人間は、肉体を持つと、肉体にまつわる想念に支配されてくる。自己本位になってくる。これは俺のものだ、人に構っていると生きてゆけないというように。争いのモトは、こうした自己本位の想念、つまり、そうした目的意識を持った念の働きが作用するために起こってくる。

そこで人間の目的は、調和にあるのだし、調和とは、助け合い、喜びをわかち合うことなのだから、人間の目的意識も、ここに焦点を合わす必要があるのである。

正念は、こうした調和という尺度を通してなされるものであるし、正念の次元は、それゆえ、非常に高いものになってくる。

仕事について考えると、仕事そのものは、社会に、従業員に、家庭にたいして、その生活を保障し、うるおいをもたらすものだ。仕事に忠実であることは、正念のあり方に適ってくる。このことは、主義や、主張や、社会制度に関係がない。社会主義であろうと、資本主義であろうと、仕事に忠実に打ちこんでいく態度は、そうした制度とは本来無関係であるからである。問題は、それによって生み出された利益、収入をどのように使っていくかによって、それぞれの念の在り方がどのようなものであったか、ちがってくる。つまり欲望を満たす自己本位のためだったか、それとも、その利益を家庭に、従業員に、社会に還元するためだったか。

足ることを知った念の在り方は、人間は自己本位に流れやすいので、正念を生かす一つの尺度として、必要なことなのである。

正念の在り方、生かし方は、こうした足ることを知った考え方を踏み台にして、昇華してゆくものである。

つぎに祈りについて考えてみると、祈りは感謝の心を表わし、その心で生活行為をしていく思念である。

人間は、一寸先闇の中で生活している。明日がわからない。いつ災難がふりかかり、あるいは喜びごとがあるかも知れない。隣の人が今、どのように生活しているかもわからない。そうした中で、健康で、楽しく、明るく生活ができることにたいして感謝する気持が湧き上がって来たときに、私たちは祈らずにはいられない気持になるものだ。しかし通常は、願いごとに終っている。神社仏閣にいって、こうして欲しい、ああして欲しいと手を合わせる。

正しき生活行為、つまり調和に向って努めているときには、その願いごと、祈りはたいていてい叶えられる。正しき「祈り」は、次元のちがったあの世の天使の心を動かし、その願いを叶えてくれるからだ。この意味から「祈り」は天使との対話であるといえる。奇蹟は、こうした「祈り」によって起こるものである。

人間生活にとって、「祈り」のない生活は考えられないし、独裁者が自分以外の人間のこうした思念を抑えようとしても抑えることはできない。

ただこれまでの「祈り」は、我欲のそれに使われ、祈っておればタナボタ式に、なんでも叶えられると思われている。念仏を唱えればうまいことがある。祈っておれば救われるという風に考えられてきた。そんなものではないのである。

こうみてくると念は、目的意識であり、創造活動の源泉であり、祈りは、生かされている感謝と報恩の心、進んでは神との対話であるわけである。そうしてそのどちらも、エネルギーという力の波動によって為されていることが明らかになったと思う。

さて、「正定」についてゴーダマは考えるのであった。正定の根本は反省であろう。反省は光明世界に住するかけ橋であろう。ねたみ、怒り、そしり、そして諸々の執着から離れるには、反省をおいてほかにはない。反省を積むことによって、心と肉体の調和が生れ、進んでは己の心と大宇宙の心との合一がはかられよう。反省せずして、心を空にするとマーラー（魔王）、ヤクシャー（夜叉《やしゃ》）、アスラー（阿修羅）、ナガー（竜、蛇）に支配され、自分の心を悪魔たちに売り渡してしまうことになる。

正定は反省という止観《しかん》の行為でなければなるまい。

ゴーダマは三十六年間の人生を、以上の八つの規範に照らして、洗い出してみようと決意するのだった。

すなわち、八正道という仏法（正法）に照らして、自分の過去をふりかえってみることにしたのであった。

小鳥たちのさわぐさえずりが聞えてきた。八正道について、その在り方を考えているうちに夜が明けてしまったのである。

動物の近寄る気配を感じた。小鹿がその黒い鼻先をゴーダマの耳元に近づけている。ときおりその鼻先が耳たぶにふれる。生暖かい甘ずっぱいような息が、くすぐったく伝わってくる。ゴーダマはなすがままにしていると、こんどは小鳥が背に止まり、頭にのぼり、飛んでいった。

動物たちの邪気のない行動は、ゴーダマの心をなごませ、一夜の疲れをいやしてくれた。

ゴーダマの思索は、日中より夜間に、それも人が寝静まった真夜中が多かった。今でいうなら午前一時から三時頃の間である。草木も人も、そして動物たちの大半が日中の疲れを癒し、寝息をたてる時刻であった。この時刻は大気もやっと静まり、大地と星が語り合う時間帯なのかも知れなかった。

思索をめぐらすと、自分の知識や経験の外から答えが流れてきて、実にうまく統一されてゆくのであった。雑念もおきない。

昨夜来、禅定と思索の時刻を、この時間帯に集中し、集中させることによって、心の中にひそむ悪魔を追い出し、二日目は八正道が明瞭になった。

今までいだいてきた疑問点が次々と明らかになってくると、夜の思索が楽しみであり、これまで求めてきたパラミタ（無限の智慧）に到達するのも、そう遠い先のことではないと思えてくるのだった。

一二　心の曇りをのぞく（幼年期と出家）

三日目の夜を迎えた。

今夜は、この地上に呱々《ここ》の声をあげてから現在までのその想念と行為について、洗いなおしてみることにした。

ゴーダマは禅を組み、眼を閉じ中の眼をしっかりとあけ、心を落ちつかせた。

周囲はときおり野獣の咆哮《ほうこう》が聞えてくるが、少しも気にならない。虫の音もきこえる。しかしこの地帯は、いわゆるジャングルとはちがい、夜は比較的静かなものである。禅定したり、思索する場所としては、街中より数倍心が安定した。

まず、出生について考えてみた。

人の出生は、昨夜、心の中に映った光の国からこの地上界に、両親の縁によって肉体をいただくものであろう。そうしてその両親は誰によって定めたのであろうかといえば、それは自分自身であろう。両親となるべき人たちと相談し、了解を得ることによって結ばれたのであろう。

地上における生活をみても、路傍の人に金を無心したり、なれなれしく言葉を交わすことはまず少ないはずだ。交際し、気心がわかってくるにしたがって、情が移り、相互扶助の関係が強くなってくるのである。親子の関係もこれに似て、相互の約束の下に、もっとも修行しやすい縁を求めて結ばれるものであろう。

ところが肉体を持ってしまうと肉体の五官である眼、耳、鼻、舌、身によって、心をまどわしてしまう。

同時に、この心に内在する自我は、その自我の発祥地や過去世に連絡されていて、それがカルパー（業）となって、それぞれの性格なり、個性を形作っているわけだ。だから、肉体を持ち五官の影響をうけながらも、人によって、その感じ方、うけとり方がちがってくるのである。

それゆえ、同じ肉身でありながら、親の心、子の心がわからない場合が多いのである。否、子供が成長すると、たいていは子供は親からいよいよ遠のいてゆく。

いちばん近いはずの親子が、心の世界ではもっとも遠いところで生活しているのが親子の関係ではあるまいか。

これを裏がえすと、魂と肉体とは、本来別々であるということがいえるのである。親子による争い、兄弟は他人のはじまりというような結果がしばしば生じてくるのも魂の所在なり、転生輪廻の遍歴がちがうためにおこってくるのである。

ゴータマはカピラでの生活のことを考えていった。

小さい頃は養育係の女官がいっさいの面倒をみてくれた。

カピラの城主として、将来が定められていたが、城中のクシャトリヤを始めとして、城外のヴェシャーやシュドラーたちは、ゴーダマに対して特別の目で見守っていたようだ。

父のシュット・ダーナーは五十代にして正妻の子として生まれたゴーダマを、ことのほか可愛がった。自分が造った公園や館によくつれていった。欲しい物はなんでも与えられ、何不自由のない生活は、わがままを育てる温床にもなった。むろん城外に住んでいる子供たちと遊ぶこともなかった。遊ぶ相手は城中の女官たちであり、側近のホンのひと握りのクシャトリヤであった。

城外に出るときは、カシャパラ・チュンダカが馬や象に乗せていってくれた。どんな無理なことでもたいていは、「ハイハイ」ときいてくれた。今ではそのチュンダカは年老いてカピラの厩《うまや》住いであった。

六歳のときである。教育係の女官から聞いてはならないことを聞いてしまった。

「シッタルダー様、あなたはお母様に苦労をかけすぎます。わがままもいい加減にして、もう少し素直になって下さい」

一度いい出したら後にひかないゴーダマ・シッタルダーに顔を真赤にして女官はいましめた。

「なにをいう、私は王子だ、おまえは私のシュドラーではないか」

「シッタルダー様、あなたは何を申されますか。あなたのお母様は、あなたが生まれると七日目でなくなられたのです。今のお母様は本当のお母様ではございません……」

六歳のゴーダマは興奮気味の女官のこの言葉に一瞬耳を疑ったが、あまり気にはかけなかった。

ゴーダマは、現在の母が義母であるという女官の言葉を気にはかけなかったが、ふと

一人になったとき、

＜本当にそうなのだろうか。もし本当にそうなら父にたずねてみようか……＞

と、思ったりした。

しかし優しい現在の母親の笑顔を思い浮べるとそんなことはないと、子供心に打ち消していた。

数日経ったある日のことである。父とマッシェル大臣が隣の部屋でこんな話をしていた。

「シッタルダー様も王に似てしっかりしておられます。母親がおられなくとも、これからさきの成長が楽しみでございます」

「ありがとう。パジャパティーを実の母と思っているだろう。それでいいのだ。パジャパティーも本当の母親のようにシッタルダーをみてくれているので、わしも安心だ」

「本当にそうです。パジャパティー様のやさしい心遣いが、シッタルダー様をのびのびとお育て申し上げているのですから……」

「いずれ青年になったときに、すべてがわかろう。それまでは今のままで、あれの成長をみていたい」

父王のこの言葉をきいたゴーダマは愕然となった。子供心に不安がこみあげ、体の力がいっぺんに抜けていくようで、目の前が真暗になった。

〈女官の言葉は、やはり本当だったのだ〉

ゴーダマは、このときはじめて自分を意識し、じっとしていられなくなった。

「お父さん、本当のお母さんはどこにいるのだ……」

父王の部屋に飛び込むなり、父の膝にしがみつきながら、泣いてゴーダマは訴えた。

王はおどろいたが、すぐ気をとり直し、ゴーダマの頭をなぜながら、

「お前のお母さんは現在いるではないか……」

と、父親らしくなだめるのだった。

「ウソだ。今のお母さんは本当のお母さんではないと話していた。本当のお母さんはどこにいるのです」

「シッタルダー。お前はそんなことを考えることはない。今のお母さんはお前のお母さんではないか。さあ、涙をふいて、元気をだしなさい」

王は威厳のある言葉でそう言うと、ゴーダマの両手を持ち、涙で濡れたゴーダマの顔をじっと凝視した。

「ちがう、そうじゃない。アリテーダもお母さんは死んでしまったといっていた。本当のことを教えて下さい。お願いです。お父さんお願いです」

ゴーダマはあふれ出る涙をふきもせず、懸命に哀願した。

王のわきで、ことの成り行きを見守っていたマッシェル大臣は、

〈こりゃ大変なことになった〉

と思い、さてどうしたものだろうと身の置きどこに困り果てていた。ややあって、シュット・ダーナーは、

「お前のお母さんは、星の世界に住んでいる。そうして星の世界から、毎日、お前を見守っているのだよ。お前を生むと一週間で星の世界にいってしまった。あれからもう六年にもなるが、今のお母様は、お前のお母さんと同じようにお前を可愛がり、お前を育ててくれている。これからもずっとそうだ。だからそんなことで泣くのはおやめ。お前は王子ではないか」

というと、ゴーダマを膝の上にかかえあげ、左手で頭から足の先まで静かに愛撫するのだった。

「お父さんは本当のお父さんなんだね」

泣きじゃくりながら、ゴーダマは父にたずねた。

「そうだ、その通りだ。……お前は王子なんだよ」

王は、ゴーダマの顔をのぞくと、ニッコリ笑った。

ついさきほどまで王の傍《かたわら》に立っていたマッシェル大臣の姿が見えなかった。大臣は、父王の立場とゴーダマの可憐な姿にいたたまれず、ソッと部屋を抜け出していたのであった。

ゴーダマのパジャパティーに対する態度は、このときを境に一変した。母親にたいする甘えは改まり、まったくの他人になってしまった。そうして、ゴーダマの人生の大転換は、このときから芽を吹き出したのであった。

すなわち、人間の死にたいする疑問。義母の存在。父親と義母との関係などが幼いゴーダマの心をゆり動かし、次第にゴーダマの心を占領していったのであった。一方において、ゴーダマにたいする周囲の目は、実の母親がいないということから余計に大事に扱った。それが幼いゴーダマの、反抗的なわがままな心を助長させる結果になった。

＜なんでも思い通りになる……＞

という自我の心、増上慢は、こうした環境のなかからひろがっていった。

今、独りで禅定をし、反省してみると、心のひずみ、これではいけないと思いながらも、自分の我を通してきたその出発点はこのときからはじまったということが確認できた。当時がなつかしくもあり、あわれでさえあった。

その後のゴーダマは父を困らせ、周囲の者に、ずいぶんと無理をいった。やさしかったパジャパティーまでが、他人行儀のゴーダマを叱った。ゴーダマは一日、二日何も食べず、カピラの地下室に入ったきり、出てこなかった。

「なぜ、母は亡くなったのだろう」

という思いが、そうさせたのであった。小さな小鳥を従兄のナーマーがつかまえてくると、泣いて放してやれといい張った。ナーマーの父アムリトダナーが仲に入り、ナーマーに因果をふくませ、ゴーダマのいう通りにさせた。ものの哀れを他人ごととは思えないその心がそうさせるのだが、しかしそれを相手に押しつけては自我の主張と少しもかわらない。義母にたいする他人行儀、つまり遠慮も自我であった。

ゴーダマは、こう反省すると、義母にたいして、すまなかったと思った。もし仮に義母の立場が自分であったらどうであろう。このわからず者といって打擲《ちょうちゃく》したかも知れない。肉体を与えてくれた実母マヤ同様、義母にたいして感謝せずにはいられなかった。

増上慢、わがままの心は、いろいろな方面に発展していった。

バラモン学を学べば、他の子供たちには負けたくないと思い、また武術の習得には人一倍頑張った。シュット・ダーナーの誕生日には城内はそれを祝ってさまざまな行事が催された。剣技や弓術の競技は、小柄ではあったが、日頃の頑張りが実り負けることはなかった。しかし相撲大会となるとそうはいかない。大人たちの前座は子供たちが力を競った。体が小さい方なので、大きい者にはどうしても勝てない。ふだん、遊び半分の相撲でも苦手な相手が何人かいて、当然それらとぶつかれば勝つことはむずかしい。しかし、この日になると相手は遠慮して勝ちをゆずってくれた。なにかにつけ、出場すれば必ず勝った。慢心の心は、こうしてつちかわれたようだ。しかし、武術については、気・

剣・体の呼吸をのみこみ、これだけは正真正銘、強かった。戦乱の世であり、敵に寝首をかかれる者もあって、死にたいする恐怖もあずかってか、十五、六のときには、カピラでは一、二を争うまでに上達していた。また武術の極意は、すべてに適応できる正道にも通じており、出家六年の苦行を支える大きな要素になったことは否定できない。

武術を会得した者は当時でもかなりいたが、クッシャン・テブティーは、他に抜きん出て強かった。ゴーダマは、その彼から、気・剣・体の呼吸を教えられたのである。

一三　出家と反省

ゴーダマをして不安な心をかきたてることがやがて起った。義母がナンダを生み、ナンダに父王の跡目をつがせようという考えが女官の口から耳に入ったのである。

〈自分が城にいるかぎり、父の立場を苦しめ、義母に余計な神経をつかわすことになる。出家をすれば、すべてが円満に解決する〉

と、ゴーダマは考え、出家の動機が芽を出しはじめたのであった。もちろん、出家の動機はこれだけではない。すでに述べたように、隣国の侵略、貧富の差、カースト制度の矛盾、さらには、ゴーダマをめぐる女性間の相克などがたがいにからみ合い、人生に対する無常を感じるようになったからだった。しかし、出家したいという最初の発心は、王位継承問題から生れ、そうして、顔も知らぬ生母、マヤにたいする愛執からといってもいいだろう。日が経つにつれ、出家の考えが次第に心の中にひろがっていった。バラモン教のヴェーダも熱心に学んだ。外来の修行者がカピラに立ち寄ると、それに耳を傾けるようになった。城中で義母と顔を合わせることがあっても儀礼的に挨拶を交わすだけで、つとめてそれをさけた。ゴーダマの心はいつも不安定でイライラし、ヴェーダに熱心になっても少しも安心が得られなかった。子供のときのような天真爛漫な性格がしだいに内向的となり、とっつきにくい感じを周囲に与えていた。父王はそれを見のがすはずはなかった。ゴーダマが十九歳のおりに、義母の兄であるデヴァダバ・バーストの城主コリヤのスクラ・プターの長女ヤショダラを正妻として娶らせた。こうすればゴーダマは出家をあきらめ、城にとどまると考えたのである。この点もすでに既述した通りである。ところがゴーダマにとっては、これがかえって負担となった。

父の気持や、城の政治的関係などを考えると、ますますその自由がしばられるからだった。いきおい、そのはけ口を他に求めるようになっていった。一時《いっとき》の逃避のために、肉体的行動へと走らせた。何人もの女たちがゴーダマの寵愛をうけた。道ならぬ道と知りながらも、こうせずにはいられなかった。正妻を迎えてかえって肉欲的煩悩がつのり、自棄的な自分自身をどうすることもできなかった。寝室で女たちの確執を耳にすると自分の行為に腹立たしさを感じたが、時がすぎるとそれも忘れ、悦楽に耽った。女たちは自由になった。喜んで奉仕してくれた。思う通りになるわがままな心は、出家したいという、もっとも厳しい自己の内面に照明を当てるその行為の胎動とは裏腹に、ズルズルとひろがっていったのであった。

ゴーダマは、過ぎし日をふりかえってみると、自分が歩いてきたその想念と行為は、自己保存のエゴしか見当らないことを知ったのであった。そうして、心の遍歴について、中道という仏法（正法）の照明を当てていくと、至るところ、黒雲が渦をまき、正法に適う行為のすくなさに唖然とするのであった。父や義母にたいする態度、部下との競争意識、動物愛護にしても、そのほとんどが独りよがりであったり、自己主張の現われであった。これまで六年間の山中での修行にしても、一日も早く悟りたいという自己の欲望が先に立ち、外見にとらわれたみせかけの修行であった。悟りへの重要な過程は、心の内面にたいする反省であり、正法という大自然の摂理に照らしてみて、ものの見方、考え方、とらえ方、そして、それにもとづく行動が、果たして正しいものであるかどうかを、内省することがキメ手になるのであった。そうして、正しくない面が浮彫りされたならば、二度と再び、同じことをくりかえさないように、想念と行為のうえで現わしていくことであった。

ゴーダマは過去をふりかえり、反省することによって、心の曇りを、一つ一つ払いのけていった。

ここまできて、出家そのものについて、正しかったかどうかを考えてみた。

父の希望をしりぞけ、出家するときに生れたラフラを置いて、出城したのである。八正道の「正しく道に精進」は、夫婦、親子、兄弟などの調和にあった。現在のゴーダマは家庭を離れて一人暮らしである。家庭の調和については全くの無資格者であり、その無資格の道を選んだのは、ほかならぬ自分であった。ヤショダラの悲痛な顔が目に浮かぶ。ラフラは父無し子として苦労しよう。しかし、出家については、ヤショダラとラフラを除いては、カピラにとって、決してマイナスにはならないはずであった。父王は、義母の子ナンダを、王の後継者と決めてはいなかったものの、ナンダの成長とともに、そうならざるを得ない情勢にあった。王の妻であるパジャパティーの発言力は、王が年老いていくのにつれて、増していったからである。当然のことながら、ゴーダマの存在は、先行きカピラの紛争の種を蒔くことになったであろう。

ゴーダマの出家は、父王や義母にとって、消極的な意味において幸いであったであろう。王位継承という問題の種が取り除かれたからである。もしゴーダマがそのままカピラに居残り、王子としての責任を果たそうとすれば、ゆくゆくはパジャパティーとの衝突はさけられなかったであろう。ナンダの出生はパジャパティーの立場を強大にし、肉体的に衰えてゆく父王の発言力を弱めていったからである。

問題は、ヤショダラとラフラであった。

独身なら問題はない。問題は妻子を捨てて出家した点である。理由のいかんにかかわらず、そこには弁解の余地すらも残されていない。出家による苦難より、夫のいない妻子の悲しみの方がはるかに大きかったにちがいない。

しかしながら、ゴーダマはラフラ出生でどれほど迷ったか知れなかった。その名を障害物（ラフラ）としたのも、その現われである。不安とみせかけの入りまじったカピラの生活と、生老病死の解決を比重にかけたときに、ラフラや妻の姿が陽炎《かげろう》のように大気に同化していったのも事実である。妻子はいずれ自分の手元に引きとろう。それまでの間、精神的には苦渋を与えようが、やがてそのときが来たって、正道に心がひらいたときの喜びと安心を考えれば、いっときの悲しみは悟りへの大きな跳躍台になろう。小事を捨て大事に生きるために、ゴーダマの出家は、かくして決行されたのである。

「正進」という、人と人の調和は、まず己自身、ついで家庭、そして社会に及ぼしてゆくものだが、家庭を捨てては調和の根底を崩してしまおう。その意味では現在の一人身の立場では、人に対していうべき資格はないが、その時期が来れば妻子を迎え、それまでの不調和な執着心を正道に依って修正すれば、その間の空白を埋めることができるであろう。

ゴーダマは、「正進」と出家について、このように反省した。そして悔いはなかったと思うのであった。

夜は深々とふけていった。焚火の火は小さくなっていた。急いで枯木をくべ、竹でつくった風吹きで火を起こすと、灰が一面に飛び散り、火勢はピシピシと音をたてて、燃えひろがった。ピパラの枝葉が明るく映し出された。

三十六年間の過去をふりかえり、その想念と行為について、黒白をつけてゆくことは、大変なことであった。黒白をつけるには、中道を根本とした第三者の立場で自分を眺めなければならない。身びいきがあっては意味を持たない。これでは反省にはならないからだ。それだけに、反省が厳正なものであればあるほど、愚かな自分が浮彫りされてくる。人に話すこともできない。

反省して悪いと自認したとしても、その事実を消すことはできない。要はその事実を、これからの人生の過程において、改めてゆく以外にないのである。また、過去のその善悪について、それに執着を持つと、これからの行動が束縛されてくる。本来の自由性がそこなわれてしまう。とくに悪の行為について、

「悪かった……」

と認めたまではいいが、それにとらわれると暗い想念をつくりだしてしまう。この点も中道の心が大事である。過去の全体験は、魂の修行の一過程であるからである。反省の功徳は反省後の中道の実践にかかっている。功徳は身心の調和という姿で現われてくる。

ゴーダマは三十六年の過去を反省し、開眼する。そうして開眼後の実践によって、開眼の領域とその内容を、いっそう充実したものにしていくのである。

焚火の火勢のひろがりは、そのまま、今のゴーダマの心のひろがりを意味していた。彼はマンゴを頬張った。甘い汁が口中にひろがり、食道を通って胃に下っていった。赤々と燃える火焔は生命を表象しているかのように、身と心とをあたためてくれた。

一四　夢幻の世界

悟りの正しいルールを発見することは、非常にむずかしいものである。ウパニシャード、ヴェーダの中から、これを見い出すことはできない。バラモンは生活の道具になってしまったからだ。正道も生活の知恵に同化してしまうと、専門の学者や、サロモン、サマナーたちの知が加わり一般衆生の理解しにくいものになってしまう。

ゴーダマは三歳のときからバラモン学ヴェーダや、ウパニシャードを教えられた。教える学者は、たしかに体系立ってはいた。しかしその体系は知が主体で、生きている生活から遊離していた。奇怪な現象は、教えているときの先生が、それを離れると野人になる場合がしばしばであった。話はうまく、なるほどと思うが、生活行為から離れた救いというものは、おこり得ないものである。祭壇をつくり、バフラマンやインドラーを祈る。祈りこそ、心を救う道と思っている。また司祭者の代弁によって信者が神によって救われるという。そして肉体行と遊行に明け暮れるバラモンたちは心の奥底にひそむ諸々のカルパー、生活を通して様々に現われてくれる因縁と因果について、手を染めようとはしなかったのである。

アポロキティー・シュバラー（観自在）に至るには、心と行いという実践しか残されていない。ゴーダマは、このことをすでに悟っていた。あらゆる因果の法則を中道によって改め、一切の執着心がこだわりをつくり出し、苦しみを生み出していることを悟ったのであった。神仏の光を希求するなら、まずその前に心の曇りを払いのけることであった。反省第一夜のパピアス・マラー（悪魔）が美女に変化してみえたのも、ゴーダマの心の隅に情欲の渦紋があったからである。

　座禅は今日、様々な形をとって行われている。結跏趺坐、半跏趺坐、あるいは、尾骶に円座を当てるなど、疲れにくい形が工夫されているようである。しかし座禅の要諦は、第一に反省にあり、反省するには心を静め、自分の体に合ったもっとも楽な姿勢がよいのである。これといった形は本来必要としない。足の長い人、短かい人、体の丸い人、痩身の人がおり、これらを一つの形にはめようとすると、どうしても無理がでる。足がしびれたり、息が苦しくなったりして、座禅そのものに気を取られてしまう。座禅の形式は主にヨガから伝わり、今日の禅宗に伝承されているようだ。

　ゴーダマは長いこと座禅に親しみを持ってきたが、形には一切とらわれないことにしてきた。強いていうなら半跏趺坐の姿勢で禅定してきた。今では、まる一日座っていても痛くもかゆくもなかった。

　禅定していると蟻や毒虫に刺されることがよくあった。なにしろ野外での禅定だから、こうした毒虫がいつ襲ってくるかわからない。刺されると皮膚がはれ上がり、ひとつまちがったら一命を落とす。このため禅定する際は、除虫草から絞り取った液を体に塗り、毒虫から身を守った。ところがこの液がまことに臭い。なれぬと気分が悪くなる。日中は遊行と沐浴をするため、禅定はたいてい夜間に限定されてくるのである。

毒虫より恐ろしいのが毒蛇である。毒蛇にかまれ一命を落した修行者はこの六年間に何人となくあった。ゴーダマはこうした災難にはまだ一度も遭ったことはないが、用心だけはしていた。竹筒の中に大きなミミズからとった液体を常に身近において、毒蛇にかまれればその毒が体に回らないうちに即座に紐でしばり、かまれた傷口をミミズの液体に漬けるのである。数分つけると、毒液は分解し、危機を脱する。毒蛇は主に、砂岩の多い岩場にいるが、ウルヴェラの修行場は、岩もなく土地も比較的乾燥し雑草が少ないので、こうした心配はほとんどなかった。

さて、ゴーダマは、再び反省の瞑想に入った。二十代の想念と行為についてである。

この頃は、他国との争いが多かった。大軍を率いての正面戦争というより、敵状偵察的なゲリラ戦ないしは領土問題のいきちがいによるトラブルであった。トラブルはカピラから遠く離れたところで起こっていたが、それでもカピラは常に緊張が続き、武装したクシャトリヤは城の内外にいつでも出陣できる体制で布陣していた。ゴーダマはよく戦場を見に行った。クシャトリヤの屍《しかばね》がいたるところに散乱し、敵も味方も哀れをとどめていた。元気のいい若者たちが無惨な姿をさらしている。首や腕のない者、槍が胸板を貫通し、土中に深く突き刺さって身動きできず息絶えた者、組んずほぐれつ、たがいに短剣を刺し合ったまま重なって死んでいる者、まことに凄惨そのものである。

武装したクシャトリヤの進軍、行進は勇壮である。みるからにたのもしさを与える。女も子供も、ついその光景にみとれて、武運と勝利に酔ってしまうようであった。だが戦場には、ロマンをさそうような華麗さはなかった。進軍と戦場では天と地ほどの差があって、戦場には無惨な死が口をあけて待っていた。

ゴーダマはカピラと戦場を往復するたびに、戦争の矛盾につき当っていた。しかし矛盾とは考えながらも、カピラの配膳係がスパイに毒殺される、クシャトリヤが寝首をかかれる事件が相次いで起こってくると、現実に眼を向けないわけにはいかなかった。カピラ城内を見回りに出ると、武装したクシャトリヤが直立し、畏敬をもって迎えてくれた。案内をたのむと喜んで先を歩いた。彼らはいつでも死地におもむいてくれた。死は誰しもいとうが、兵は戦うためにあった。命令と軍律が彼らの生活をしばっていた。彼らの人生は死ぬためか、生きるためなのか。緊張と放逸のなかに彼らの人生があるのだろうか。ゴーダマは兵を前にして見てまわるたびに、生きることのむずかしさ、生きている矛盾に心が暗くなった。

緊張の毎日だから、夜になると舞妓や歌姫たちで城内は賑う。地酒に酔い、女の嬌声が支配する。やがて怒りと情欲が交錯し、快楽と酒が夜のカピラを色どっていった。もちろん警護に当る者は禁酒である。勤務が終るまでは彼らに自由はない。ゴーダマは酒が飲めないので、酒飲みの気持はわからなかった。だが、その苦しみを酒で逃れられたとしても、酔いがさめれば緊張はよみがえるだろう。酒は一時の逃避か、それとも飲酒という楽しみのためなのか。

戦争と快楽が交錯するなかで、ゴーダマのこの年代は、出家について、真剣にならざるを得なかった。四季に応じた館はあっても、心の安住はそこにはなかった。心の安住は、我欲や逃避からは生れてこなかった。暴力や権力で肉体的な制約が加えられたとしても、人の心まで支配することはできない。心と心のふれ合いは、一切の虚飾を捨て去った共感しかないのである。自我や煩悩の渦中にありながら、心の安住やふれ合いを求めるのは、風車をかけめぐる動物に似て、獲物は永遠にとらえることはできないだろう。

出家と現実、欲望と疑問、戦争と平和が、ゴーダマの心の中を激しくゆり動かした。ゴーダマはできるだけ孤独を求めた。用のないかぎり、人前に出ることをさけ、静寂のなかで、一人ぽつねんとすることが多くなった。一人になると、想像は自由に発展するのだった。

ある日の午後、地下室で瞑想していた。するといつのまにか自分が、衆生を前に法を説いているのである。人々は熱心に耳を傾ける。法話がなかばに達する頃、人々の心が手にとるようにわかって来、大半の聴衆が何を求め、何を得たかが感知される。そうかと思うと、病める老人に光を当てると、その老人は一瞬にして病癒え、若返り、人生の素晴らしさを発見する。道を歩いていると天と地が重なり合い、万生万物が法輪のなかに溶けこみ、その法輪のなかを自由自在に遊泳している自分があった。

こうした想像は、求めて創り出すのではなく、出家について考えていると、いつのまにか現実の垣根を超え、夢幻の世界に飛躍しているのである。

我に返って、不思議な想像夢があるものだとおもうのだが、その想像が終っても、現実的親近感をもって迫ってくるのであった。

これまで忘れていたが、今、反省していると二十代前半は、こうしたことがたびたびあったことがおもい出された。

夢には二通りある。就眠中の夢と想像の夢である。就眠の夢は赤裸な自分が映るであろうし、想像の夢はたいていは恣意的である。それだけに想像の夢を現実に合わせようとするとしばしば問題が出てくるようである。ゴーダマの夢は、双方のそれではなかった。ゴーダマが瞑想中にみた夢のような映像は、やがて自分自身が悟ることによって、現実的におこり得る未来図であった。今生でなし得ていかなければならないその運命と義務と責任のフィルムでもあったのだった。したがって、就眠中の夢、想像の夢とは全然ちがった、もっと積極的な意味がこめられている夢だったのである。しかし、当時のゴーダマには知る由もなかった。瞑想中にたびたびそうした夢のような映像を見ても、現実の我にかえると、

〈不思議なこともあるものよ……〉

と、思うだけであった。現実的親近感はあったが、時がたつにしたがって、その夢は消えていった。

しかし、中道がわかり、八正道が明らかになった今では、二十代前半のこうした不思議な夢が、不思議でもなんでもなく、そうしなければならないだろう、そうなるだろう、という感覚で体内から湧き上がってくるのであった。

反省の三日、四日目がすぎていった。

この頃になると、心のなかに築きあげていた重い荷物がおろされ、身も心も、文字通り、軽いという感じになった。

心の荷物とはほかならぬ執着である。生老病死の執着から、どんどん解放されていったのである。

こうしなければ、ああもしなければという生の執着、老後と病いの恐れ、死にたいする幼児のような恐怖心は、年とともに人の心のなかに巣をつくってゆくものだが、そうした執着の荷物が、反省を通じておろされてゆくと、本当にサバサバとした気分になるものであった。

心はまるく、そして大きくひろがり、不退転の気宇が自然と備わっていくのであった。

五日目の夜を迎えた。

二十代後半は、父母の意見をほとんどきかなかった。父母にはすまぬと思ったが、出家の心はいよいよ固くなっていった。

たびたび、マッシェルやコースタニヤ、父の兄弟であるシュクローダナー、ドウローダナー、アムリトダナーらに父は相談していたようである、いかにしたらゴーダマの出家をくいとめるかについて。父の心のなかは、今は亡きアシタバー仙の不吉な予言(ゴーダマの出家)が大きくひろがっていたようであった。

ヤショダラは一緒にいることが多いせいか、あきらめていたようであった。ヤショダラはデヴァダバ・バーストの城主の姫であり、パジャパティーとは叔母、姪の間柄であって、ゴーダマの出家には他の妻たちのように感情的になることは少なかった。しかし、心のなかでは、誰よりも出家を思いとどまることを願っていたにちがいなかった。

多くの者に心痛を与えたことにたいして、詫びてもなお詫び足らぬものがあったが、しかし、出家は悟りに通じ、悟りは己一個の救いばかりか、やがて成人するラフラについても、より大きな安心を与えることになろうとの確信があった。

出家数カ月前から、修行場をどこにするかで秘かに準備をした。マガダ、シラバスティー、サンチャー、パラナッシーなどが脳裏にうかび、出城が執念のようになっていった。

宗教についてはいちおう学んではいたので、残された課題は、全身で体験することであった。かくして、既述のようにチュンダカをそそのかして出城、出城当時は一人での生活で、想像以上のものがあったので、何度意志がくじけかけたかしれない。

今、過ぎし日のできごとを思い浮かべると感無量のものがあった。そして、その一つ一つを洗い出し、そのときどきの心の動きを正道に照らし、黒白をつけていった。

求道―解脱は、疑問から出発する。疑問のない求道などおこり得ないものだ。疑問は探究心を育て、探究はやがて解答というプロセスで理解されてくる。普通は中道という尺度が見当らないために、求道の方向を見誤ってしまう場合が非常に多い。しかし、八正道という大自然の尺度が発見された以上は、疑問と理解の橋渡しは容易である。問題は、その中道の尺度を使って、自分自身がどこまで厳密に、公平に、自分の心をみつめることができるかである。いいかえると、自らの心で己の心の影をどこまで洗い出せるかにかかっている。心に影がひそむ間は、生老病死の執着は断てないのだ。解脱とは執着から離れた心なのである。

一五　マーラーとの対決

五日間のゴーダマの反省は、自己追究への反省であった。一点の甘えさえ許さなかった。それだけに、反省前と後では心の安らぎがちがっていた。安らぎとともに不動の心が自然と備わってくるのであった。

ゴーダマは反省の瞑想を解こうとした。現実の自分に戻り、横になろうとおもった。と、そのときであった。突然風が吹きはじめた。あれほど静かだった周囲が急にざわめきだしたのである。ピパラの葉が風にあおられ、大気が生き物のように動きだした。同時に、異様な臭気が鼻をついたのであった。

いつのまにか目の前に、バフラマン（梵天）が立っていた。こちらをじっと見ている。

目と目が合った。ゴーダマはまばたき一つせず、凝視し続けた。

「カピラの王子、ゴーダマよ、おまえは城に帰りなさい。おまえがいかに慈悲心を持っても、悟っても、我欲の塊りの人々を救うことはできないだろう。城には王も、おまえの妻も、多くの部下たちも待っているではないか。修行を捨てれば全ヨジャーナー（地球）の王として優雅な生活ができようというもの。おまえはそうした生活をするよう神から許されている。忘れたか、ゴーダマ。生命は輪廻しているなら今の原因は来世の結果となり、王としてこの世を去れば、来世も王としてその地位が約束されよう。今のような苦行をしておれば、来世も苦しい修行が待っている。おまえの生命はこの世かぎりだ。おまえが修行を止めれば、私は必ず協力をして全ヨジャーナーの王にしてあげよう」

バフラマンは大きな声で語り出した。堂々として威厳もあった。

ゴーダマは一瞬とまどった。輪廻とか、苦行、我欲の塊り、そのいうところはいちいち筋が立っていた。ヴェーダやヨガ・ストラーのなかに書かれているその事柄をいとも平易に、坦々と語るところをみると、目の前にいるこの人は本当の神かも知れないと、ゴーダマは思った。

しかし、解せないのは異様な臭いだ。けだものの体臭を思わせた。

「あなた様はどなたですか」

ゴーダマは、相手の双眸を凝視したまま、口火を切った。

「私はバフラマン」

大きな声がハネ返ってきた。

「あなたは、今、生命はこの世かぎりと申されたが……」

「うん、その通りだ、あの世なぞないわ。わしには誰にも見えないものまでわかるのだ。人間は楽しい生活をするために肉体を持っている。おまえはそれを忘れている」

「あなたは、今この世かぎりと言われたが、あなた自体はどこから来たのか。この地上界の者なら、この世の肉体を持っているだろう」

ゴーダマは、相手の正体を見破った。異様な臭いと、論旨の不一致、それにもう一つは相手を威圧するような態度から、神とはおよそ縁もゆかりもない悪魔に共通した性格が、ありありとうかがえたからだった。

「おまえは何者だ、本性を現わしなさい」

ゴーダマは、厳とした態度でいい放った。

バフラマンと名乗る相手は、ゴーダマの鋭い語気におされたか、居丈高《いたけだか》のその態度が、あたかも空気が漏れた風船のように急に萎えて、

「おまえが悟ると我々の住家がなくなる。我々一族のためにもカピラに帰ってもらいたい。そうすれば必ず協力する」

と、哀願にも似た弱い調子にかわっていた。

「パピアス・マラー（魔王の名）よ、私はもはや王の地位なぞいらない。私はいっさいの執着から離れたのだ。それより、おまえもかつてはこの地上界で肉体を持ったことがあろう。暗い世界の王者であっても、心の中に安らぎなどないはずだ。部下からいつ裏切られ、権力から追われるかも知れない。そんな不安な暗黒の世界に住むより、安らぎと平和の世界をなぜ求めぬ。おまえも神の子ではないか。今までの過失を改め、犯した罪を心から神に詫びることだ」

こうゴーダマがさとすと、魔王は再び居丈高となった。

「何いっているんだ。俺さまは、上上の上の上の魔王様だ。宇宙で一番偉い王なのだ。

おまえごとき者に屈服する俺さまと思うか。バカめ、とっとこのウルヴェラから出て行け」

魔王の頭脳はいわばこの世の精神分裂に似て、ああいえばこういう、こういえばあらぬ方へ脱線し、しかも得々とするところに特徴があった。

「パピアス・マラーよ、なぜおまえは明るい天国を嫌う。いつも寒い、ひもじい世界で一人力んでいても、おまえの心は淋しく、不安におののいているではないか。自ら犯した罪を詫びなさい。心から詫びるならば、おまえの心は光に満ち、平和な心がよみがえろう。権力に対する執着、形だけの強がりなぞ捨てなさい」

魔王は、ゴーダマの慈悲の言葉をきこうともせず、ゴーダマの座しているピパラの大木の周囲をその弟子たち（魔王の子分）によって包囲してきた。そうして、その包囲網を少しずつちぢめてくるのであった。色とりどりの彼らの形相はみるからに恐ろしくもあり、まるで化け物の集まりであった。

ゴーダマは座したまま、彼らに調和の光を与えていた。

魔王とその弟子たちは、いつの間にか金縛りにあって身動き一つできないばかりか、口を封印されたように言葉も発することができなかった。

「パピアス・マラーとその弟子たちよ、私の言うことを素直にききなさい。おまえたちも神の子だ。神の子であるのに、生前のおまえたちは、怒り、そしり、うらみの念が強く、人を愛したことも、愛されたこともない。おまえたちも自分の子供を育てたことがあるだろう。子を憎む親はいないだろう。神の愛、慈悲もそれと同じだ。おまえたちは今では魔王となり、鬼のように心はすさんでしまったが、それでも神はおまえたちを見離すようなことはしない。今からでも遅くはない。自分に嘘のつけぬ善なる心に勇気を持って、仏性を思い出すのだ。私の与えている光は天国の光だ。神の慈悲から送られてくる安らぎの光だ。さあ、執着を捨てなさい。過去をわび、仏性を現わしなさい」

ゴーダマの周囲を蔽《おお》っていた暗黒の塊りが、まるで氷が溶けるように、光が点じられていった。魔王の輩下たちが一人二人と前非を悔い、深く頭を下げていったのである。

風も大分静かになった。

最後まで頑張っていた魔王だったが、闇は光に抗《あらが》うことは、所詮できないものである。魔王の心にも光がはいっていった。彼は両膝を地につけゴーダマに向って両手を合わせ合掌するのだった。

闇夜は明るくなった。明るくなると同時に彼らの姿は消えていた。

魔王といえども人の子であった。慈悲の光を知っている。慈悲の光に会うと、彼らは手も足も出ないばかりか、内在する神性仏性が現われて、今まで蔽っていた黒い想念が払い浄められてくるのであった。ゴーダマは魔王とはじめて対決した。今まできいたことも、喋ったこともないパピアス・マラー（魔王の名）の言葉が自然と口をついて出てきたことに、戸惑いを感じた。しかし、彼らが消えたあと、今の現象と、不動の己をかえりみると、ゴーダマは現在、多くの神々によって護られていることを自覚するのだった。

ゴーダマの心は自信に満ちてきた。多くの神々によって護られていることを、ついさきほどの魔王との対決によって、はっきりと自覚できた。恐れる何物もないことを知ると、安らぎと自信というものが、心の底から湧き上がってくるのであった。

周囲はまだ夜である。月の光が青白く、ウルヴェラの地を照らしているが、ゴーダマの周囲は黄金色に包まれ、真昼のような明るさであった。悦びがこみ上げてくる。これまで体験しないような悦びが、いつまでも続いた。涙が膝の上に落ちた。眼をあけていても眸は涙に濡れて前方はかすんでしまう。じっとそうしていると、音楽が聞えてきた。荘厳な、それでいて優しい旋律であった。バフラマンの世界の天女たちが奏でる音楽であろう。その旋律は、あるいは高く、低く、魔王を屈服せしめ、餓鬼界に堕ちた人々を救ったゴーダマを祝福するように、ひびき渡ってくるのであった。

ゴーダマはその音楽にじっと聴き入った。

一六　偉大なる悟り

七日目がやってきた。

今夜も平静でありたい、平和な心でありたいと思いながら横になったが、昨夜のことが思い出され、涙があふれ出てくるのを、こらえようがなかった。

眠る時間がもったいないように思えてきて、出家六年間を、もう一度ふりかえってみることにし、瞑想に入った。

反省の瞑想は、静まりかえったウルヴェラの森と同じように、時の過ぎるのを知らなかった。

瞑想を解き、眼をあけると、もう東の空が白みかかっていた。一夜は何事もなく、一瞬のうちに通りすぎていった。

が、再びまぶたを閉じ、瞑想に入ろうとして、ふと、自分に気付くと、座している己の体が、次第に大きくなっているのであった。ゴーダマを雨露から守っていたピパラの大木を抜けて、ガヤ・ダナーが眼下に見えてくるのであった。

ゴーダマの意識は刻々と拡大していった。地上が次第に遠のいていく。単に遠のいていくというのではなく、その地上が身近に感じながら、遠のいていくのであった。いうなれば距離の遠近ではなく、現実の拡大なのである。己の意識が地上から離れていきながら、それでいてピパラの木も、ウルヴェラも、ガヤ・ダナーも、現実の感覚と少しも変らず、スグ眼の前にあるという感じなのである。

意識の拡大はテンポを早めた。

暁の明星が足下に見えた。もう一人のゴーダマは小さな粒のように、はるか下方に座していた。

ゴーダマは、宇宙大にひろがり、宇宙が自分の意識の中に入って行くのだった。全ヨジャーナー（三千大世界）が美しい星とともに、ゴーダマの眼前に、くりひろげられているのであった。

何もかも美しい。生命の躍動が、手にとるように感じられてくる。あの森も、あの河も、町も、地球も、明星も、天体の星々も、神の偉大なる意思の下に、息づいている。まるで光明に満ちた大パノラマを見ているようであった。見ているようでいながら、ゴーダマの肌に、生きとし生けるものの呼吸が、ジカに感じられてくる。大パノラマは、そのままゴーダマの意識のなかで、動いているのであった。

遂に、悟りをひらいた。

三十六年間につくり出した不調和な暗い心、想念の曇りが、この瞬間において、光明と化したのであった。

ゴーダマは念願を果たした。大宇宙の意識と同体となったのであった。

大宇宙の意識と同体になると、森羅万象の生い立ち、宇宙と人間、神の存在、人間の在り方、魂の転生輪廻などが、一瞬のうちに、明らかになるのであった。

ゴーダマの開眼を、文字によって表現すると次のようになる。


この大宇宙は神によってつくられた。

大宇宙が発生する以前の大宇宙は、光明という神の意識だけが、そこにあった。

神は、その意識の中で意思を持たれた。

大宇宙の創造は、神の意思によってはじまった。

意識の働く宇宙と、物質界の宇宙の二つの世界を創造した。

意識界の宇宙はその意思をもって物質界の宇宙を動かし、そうしてこの二つの世界は、光と影という相関関係を通して、永遠の調和を目的とすることになった。

神の意識は、永遠の調和をめざし、そうして、二つの世界にあって、調和の要である中道という法秩序の中に住まわれることになった。

人間は、天地創造とともに、神の意識から分かれ、神の意思を受け継ぐ万物の霊長として産声をあげた。

人間の誕生は、意識界という実在の宇宙に、まず姿を現わした。

そうして、神の意思である調和をめざす神の子として、物質界に降り立ったのである。物質界に降り立った最初の人間を、地上の眼でみるならば、大地の一隅に、忽然と物質化されたといえるだろう。

人間以外の動物、植物、鉱物も、こうしたプロセスを経て、大地に姿を現わした。

こうして、あらゆる生命物質は、実在界（意識界）と現象界（地上）の間を、輪廻することになった。

地球に生物が住むようになったのは、今から数億年も前である。最初の生物は、太陽の熱・光と、大地と、海水と、空気と、それに意識界と表裏一体の宇宙空間の、相互作用によって、地上に現われた。微生物の誕生である。

続いて植物が発生し、動物が姿をみせはじめた。

やがて爬虫類時代を迎え、一時期、地上は荒寥とした姿に変貌をとげる。恐竜の時代も下火になった今から約二億年前に、人類は、特殊な乗り物に乗って、他の天体から飛来した。

当時の移住者は、かなりの数にのぼった。

人類は、神の意志にもとづいて、調和という仏国土をつくりはじめた。

当時の人類は、荒寥たる地上を開墾し、人類が住める環境として神がつくられた大地に、動物、植物の、相互依存のしやすい調和をつくることが目的であった。

人類は栄えた。動物、植物も、すくすくと育った。

人々の年齢は、五百歳、千歳の長命を保った。

人類の数は増えていった。子孫が子孫を生み、人々の転生輪廻が、地球という場において、回転をはじめたのである。

人々は次元の異なる意識界と自由に交流ができた。

文明は高度に発達した。

人間は自由に空を駈けめぐり、地下にも大都市をつくった。

しかしやがてその文明も終焉を迎えるときがやって来た。

人々の間に、自我が生まれ、国境がつくられ、争いがはじまったからである。

人々の不調和、暗い想念の曇りは偉大な神の光をさえぎった。その結果、大地は怒り、黒雲は天を蔽った。至るところで火山が爆発し、陸は海に、海は陸になった。

ホンのひと握りの心ある人々を残して、人類は、土中に、海中に、消えていった。

こうして人類は、栄えては滅び、滅びては栄えた。

天変地異は、人類がこの地上に住みつくようになってから、何回となく繰り返されてきたものである。

天変地異は、自然現象ではない。人類が住みつくようになってから、この地上で、神が有する創造の権能を、人類が行使し、人類の心と行為がつくり出したものであった。

人類の地上での目的と使命は、二億年前も現代も変らない。

それは神の意志である調和という仏国土を建設するために人類は存在し、人々の魂はそうした建設を通して、永遠の進化をめざすものであったのである。

人間は小宇宙を形成している。小宇宙とは大宇宙の縮図である。大宇宙に展開する無数の星々は人間の肉体を形作っている光の数（細胞数）とほぼ同数である。太陽系は太陽を中心に九つの星々（惑星）と三万数千個の小惑星群をしたがえ、太陽の周囲を循環している。極小の世界（素粒子）も、中心となる核とその周囲に陰外電子がまわっている。太陽系という宇宙も、極小の世界も同じように、一つの法則の下に循環し、生かされ、生きている。

人間の肉体は、そうした極小の光が集まって集団を構成し、体を成している。これらの集団は、脳、心臓、肝臓、膵臓、胃、腸などを形成し、これはそのまま太陽であり、九つの星々（水星、金星、地球、火星、木星、土星など）を意味し、さらには、大宇宙に展開する多くの太陽系の、それぞれの個性を持った集団群と同じようにつくられているのである。

人間は肉体のほかに心（意識、あるいは魂）を持っている。その心は、肉体という衣《ころも》を通して、物質界、現象界に調和をもたらすことを目的とする反面、大宇宙の心に同通し、それぞれの役割に応じた使命を担っている、生き通しの意識である。

肉体は仮の宿にすぎない。物質と非物質の世界は、交互に循環することによって、調和という運動形態を永遠に持続するためにあり、このため、肉体という物質は時が経てば、物質的形態を変えた世界に戻らなければならないからである。

しかし、人間の意識、心、魂は、物質、非物質に左右されず、永遠に、その姿を変えることはない。

このように人間の意識は、神の意識に通じながら、物質界という現象界と、非物質の意識界を循環し、個の意識である魂を持って、生き続けているのである。

神の子としての人間が、現象界において何故《なにゆえ》に悪をつくり出したか、不幸をどうして生み出したか。

それは肉体の自分が自分であると思うようになり、肉体にまつわる諸々の考え方が、本来、自由自在な心を、肉体の中に閉じこめてしまったためにほかならない。

全能の神が人間の不幸を予測できないはずはないと誰しも考えよう。不幸を事前に、どうして防げないかと。では人間の親子がしばしばちがった方向にどうして歩んでしまうのだろう。子供は成人すると親の自由にならない。子は子としての人格と主体性を持っているからである。神と人間もこれと同じで、主体性をもつ人間を自由には出来ない。自由に行使できる者は、神の子である人間自身であるからである。

神は調和という中道の中で、厳然と生命の火を燃やしている。人間が、その自由の権能をみだりに使い、中道に反した創造行為をすれば、その分量だけ、反作用を伴うよう仕組んでいるのである。そうすることによって、神と人間の絆が保たれ、調和という永遠の目標に向かうように計画されている。人間の魂が肉体に宿ると五官にふりまわされる。五官とは眼、耳、鼻、舌、身の五つである。この五官に、魂・意識が幻惑される。美しいものを見ると欲しいと思う。気持の良い香りには心がひかれる。自分の都合のよい話には、つい乗ってしまう。舌ざわりのよい物は食べすぎてしまう。苦役より楽な方に身を置きたい。肉体五官はこのように、人の心を動かして行く。

五官が働かなければ肉体維持はむずかしくなる。さりとて、五官に心を奪われると欲望がつのってくる。欲望の源は五官にふりまわされる心の動きにあったわけである。諸々の欲望、争い、不調和、悪の根源は、五官に心を奪われる六根という煩悩にあった。

さまざまな不幸は、肉体にまつわるこうした心の動き、カルパー（業）の想念行為によって生み出されていった。

業は執着である。執着は五官から生ずる肉体的想念が、魂に根を張ることによって作り出されて行く。地位、名誉、金、情欲、その他さまざまな欲望が、人間の神性仏性を侵して行く。

こうして人は、その意識を、あの世と、現象界であるこの世を循環するたびに、その業を修正して行く者もあるが、大部分の魂は、新たな業をつくって、輪廻している。このために人類は、地上に仏国土を建設する前に、まず己の業を修正しなければならなくなった。

同時に、さまざまな執着を生み出して来たがために、神性の自分から次第に遠のいていったのである。

しかし、人間の魂から神性仏性を捨て去ることは出来ない。他の動物、植物は、この地上の環境を維持するための媒体物であって、人間は、それらの媒体物を調和していく任を、神から与えられ、まかされているからである。

その証拠に、己の心に偽りの証を立てることはできない。人にはウソはいえても、自分には、ウソはいえない。文明文化は、人間の社会にのみあって、動物、植物の世界にはない。人間はどこまでいっても人間である。動物、植物もそれぞれの個性にしたがって転生を輪廻し、進化を続けるものである。しかし彼らが人間になることは出来ない。人間も彼らにかわることはない。水が土になることができないのと同じである。

人間が神の子の己を自覚し、業を修正し、本来の神性に戻るためには、神の心に触れなければならない。神性の我に帰るとは、苦界の自分から離れることである。生老病死のとらわれから脱皮することである。

神の心は中道という調和の大宇宙に流れており、その流れに自分の魂がふれるよう努力を惜しんではならない。

一日は昼があって夜がある。決して一方に偏することがない。どんなに人類がふえても、空気、水の質量は変らない。太陽の熱、光についても、その放射する質量を変えることがない。人間社会には男と女が生存する。男女の比は常に一定に保たれている。戦争、災害など人々の心が自己保存、我欲に傾かないかぎり、男女の比は均等に維持される。人間の肉体も、休息と運動という循環から切り離せない。夜も眠らずに仕事を続ければ、肉体的支障が現われ、精神の平衡を失ってくる。

すべての生命、物質は、このように、中道から離れては保たれないようにできている。悲しみや苦しみは、こうした中道から離れた想念行為があるからである。

中道の心は、毎日の生活行為に対して、反省し、反省したことを実践することから得られる。実践には努力が伴う。勇気がいる。智慧を働かせれば、業の修正は意外に早まるだろう。

反省の尺度は、八つの規範がモトである。「正見」「正思」「正語」「正業」「正命」「正進」「正念」「正定」である。

人の心は、こうした規範を尺度として、毎日の生活行為の中で、正しく修正されて行く。

人間の魂は、生き通しの意識である。肉体は時が経てば脱ぎ捨てなければならない。中道の心にふれると、こうした摂理《ことわり》が明らかになり、神の意識である永遠の安らぎを保つことができよう。

意識が拡大すると、宇宙をかたどっている太陽をはじめとした星々（惑星群）が、すべて自己の意識のなかで回転し、そうしてその中で呼吸するいっさいの生物は、我が肉体の一部であることに気付く。

人は宇宙大の意識を持って生活している。肉体にその意識が小さく固まり、とどまるために、宇宙大の自己を見失ってしまうのだ。

小さな人間になっても、神は、人間の生存に必要な環境を与えている。もだえ、迷い、地獄に身を焼く人間に対しても、神は、辛抱強く、救いの手を差し伸べている。太陽を与え、水を与え、空気を与え、土地を与え、食べ物を与えている。我が子の行く末を案じぬ親がないのと同じように、神は人間に、無限の慈悲を与えている。

人間は、その慈悲に応《こた》えなければならない。応えることによって、人間は神性の己を自覚するのだ。

神は平等を宗としている。その証拠に、太陽の熱、光はあまねく万生万物平等に照らし続けている。差別することがない。人間社会に階級が生れ、貧富が生じ、競争意識に心が翻弄されることは、神の意に反する。能力の別、力の相違、得手不得手は、すべて努力の所産であるが、しかしだからといって、神の子の人間に、上下の差別をつくる理由にはならない。

人にはそれぞれ太陽系の姿と同じように、役割がある。人間の五体にも胴があり、手足があり、頭がある。それぞれがその役割に応じた努めを果たすことによって、太陽系が保たれ、五体が満足に動いて行く。

中道に接することは、己を知る、もっとも早道な方法なのである。

人類の歴史は、己を知ることよりも、我欲を満たすための歴史であった。闘争と破壊は、そのために繰り返された。己を知り、人間の目的を悟れば、現象界の小さな自分に、心を奪われることがなくなる。

人々は苦界からのがれようと、さまざまな信仰を持っている。肉体を痛め、苦行を積めば救われる、自己が発見できるとしており、また拝めば功徳がある、祈れば安穏の生活ができると信じている。大きな間違いである。苦行は、肉体に心をしばり、祈ればよいとする他力は、人間の神性を失わしめる。いずれも片寄った信仰である。

中道の神理は、神に通じたウソのつけない己の心を信じ、八正道という生活行為を為して行くところにある。真の安心は、自己満足や逃避ではない。自分の生死を見られる自分が確立できてこそ、安心というものが得られる。

人間は神の子である。神は天地を創造された。人間もまた己の天地を調和させ、自己のおかれた環境を調和して行くものである。神から与えられたその肉体を痛めることでも、あなたまかせの他力に自己満足するものでもない。

世はまさに末法である。

正法という中道の神理を失い、人類は迷いの中に埋没している。

この迷いから人々を救うには、正法という法灯を点じ、大自然の慈悲に、めざめさせなければならない。

法は慈悲と愛を喚起する力である。神は無限の慈悲とその力をもって、正法を信ずる者の行く手に、光明の道をひらいてくれよう。

ゴーダマは、はじめて、人間の価値を悟った。いうまでもなく人間とは神の子であり、人間と大自然というものが常に一体となって呼吸し、神の意志とともに、大自然に存在しているということ。自然を離れて人間はなく、人間はその自然を、神の経綸にしたがって調和してゆくものであることを悟ったのであった。地上の喜怒哀楽からは、こうした自覚は生れてこない。物を物として見ている間は、心の安らぎを求めることができないのだ。まず物から離れ、物を生かしている実在を知ることによって、物の価値が認識できる。色心は不二であるという認識は、人間の心が物から離れ、物を客観的に見るようになったときに、はじめていい得るのであった。

多くの神々によって護られ、しかもこうした大いなる自覚を得た悦びにたいして、ゴーダマは、ただただ感謝の念でいっぱいであった。涙があふれ出た。

黄金色の光の粒子がゴーダマの周囲に、無数に降りそそがれた。座している地上は、その光で輝いている。天の一角からは天女たちの歌声がきこえてくる。悟りを祝う悦びの大合唱である。ゴーダマはその大合唱を心でうけとめながら、法悦にひたった。心の隅に巣を食っていた魔王たちの黒いエネルギーは、光のエネルギーに変わり、今はただ、宇宙即我《うちゅうそくわれ》の境地にひたっているのであった。

瞑想の極地に至ると、時間の経過はわからなくなるものであった。

時の流れは疾風《はやて》のようにすぎていた。

時は、今という瞬間を教えるのみで、大自然の輪廻は、一刻の休みもなく過ぎていく。

ゴーダマは感激にふるえながら瞑想を解いた。

宇宙即我の悟りから、五尺余の現実の自分に立ち還った。

上を見上げると空には雲一つとてなかった。その紺碧の空はウルヴェラ・セナニを柔らかく抱擁するように、円を描いて、広がっている。太陽の光線がピパラの枝葉を通してゴーダマを映し出していた。

ゴーダマの眼前は、ゴーダマの悟りを喜び合うように、万生万物が生き返り、躍動していた。座している大地も、樹木も、雑草も、虫も、ピパラに羽根を休める小鳥たちも、その生を楽しみ、ゴーダマをながめている風であった。ゴーダマもそれに応えるように慈悲の念を送った。

〈いったい、この自分の今の境涯を、人に話して、わかってくれるだろうか。人間とは、こういうものだと説明して、人は信じてくれるだろうか……〉

ゴーダマは、法悦のなかから、フトこんなことを考えた。

〈話してもわかってはもらえまい〉

と、おもうのであった。

ゴーダマは生老病死の苦しみから解脱した。転生輪廻の業から脱し、永遠の生命を悟ったのである。永遠の生命とは、生老病死のない世界であった。肉の身の中にもう一人の自分があって、それは輪廻から解脱した不生不滅の生命だった。そのもう一人の自分が、大宇宙と一つとなって生き続けているのである。死ぬことも、老いることも、病むこともないのである。その自分を、今はっきりと認識したのである。もう一人の自分に、いつでもなり切れるのである。過去、現在、未来にまたがって輪廻してゆく業から、離れることができたのである。

現在の肉体は両親との縁によって得たが、しかしその肉体は人生航路の乗り舟にしかすぎない。過去世の肉体も同じであった。しかし己の魂は、過去も現在も変わりはなかった。過去も自分であり、今も自分であったのだ。不生不滅、不増不減の魂の不変性は、永遠にかわることも、かえることもできない。人間についてもこのことはいえる。人間はどこまでいっても人間であり、動物は動物として生き続けている。生命の様態は、その様態にしたがって、進化をつづけている。猿が人間になり、人間が犬になることはないのである。猿は猿であり、犬は犬として、進化の過程におかれている。そうして万生万物は神の意思の下に、生きつづけている。

一切の苦しみは、自らの心と行いが作り出したもの。すなわち、自然の掟である中道という神の意思に、逆らったがために起こる苦しみなのだった。正しく見る、正しく思う、正しく語る、その想念行為を、自ら放棄するところにある。中道の心は、もっとも人間らしく、もっとも自然な生活態度であるはずなのだ。ゴーダマはこのことを悟ったが、サテ、人にこれを説くとなると、果たして、この真実を、この生命の実相を、理解してくれる人が何人いるだろうか、と思うのであった。

ゴーダマは、ピパラの根に手をあて、ゆっくりと立ち上がった。

森のなかを歩きはじめると、小鳥たちが後からついてきた。ゴーダマが止まると小鳥たちもとまった。じーっと彼らをみつめていると、そばに寄ってきた。そうしてなんの不安も疑念も抱かず、ゴーダマの足元で餌をついばんでいる。小鳥たちはピパラの住人である。ゴーダマと共に寝起きした仲間であった。ここに来てからゴーダマを友人として彼らは迎えてくれた。肩や頭にとまり、語りかけてきた。ゴーダマもつい楽しくなり声を出して話した。彼らにも感情があって、あるものを特別扱いすると、他の小鳥たちの声色や素振りがちがってくることがあった。これはいけないと思い、平等に扱うとまたもとに戻るのだった。まだ短い期間であったが仲間同士の争いは、みたことがなかった。彼らは侵さず、侵されずを守り、いつも元気だった。人間同士のみにくい争いを思うと、人間は小鳥たちよりも劣るとさえ感じられた。

ネランジャラの河辺におりていった。ゆっくりと流れる河の動きは、昨日も一昨日も変らなかった。腰までつかると、水の冷たさが肌に感じ、一睡もしていない昨夜来の疲れは微塵も感じなかった。両手で水をすくい、頭から顔に流した。なんともいえない気分であった。

河はインド洋に注ぎ、大海となる。大海の水は、やがて雲となり、雨となって地上に降り、ネランジャラの河となった。水はこうした輪廻を重ねるが水の本質は少しも変らない。ゴーダマは、今こうしてその水につかっていると、大自然の大きな計らいのなかに己の在ることをおぼえるのだった。河の水は無言で流れている。その流れをさえぎる今のゴーダマの姿は、時間という「時」をとらえたそれであったのだった。今のゴーダマは時をとらえ、時の中にあったのだ。過去、現在、未来の時の流れは、流れのなかにあっては知ることも悟ることもできない。それを悟るには反省という止観によって、はじめて、可能なのだった。

ゴーダマは、ネランジャラ河につかりながら大声をあげて泣いた。昨夜来の感激が、潮《うしお》のごとく襲った。

日没を迎えたゴーダマは、拾い集めてきた薪や枯草で火をおこした。焚火の煙は、夕空に、ゆらゆらとのぼっていった。風もなく、今宵も静かな夜だった。

ゴーダマはマンゴの皮をむきながら、チュダータが歌っていた、

「弦の音は、中程にしめて音色が良い」の民謡を口ずさんで、くつろいだ。

夕食は乞食によって得た野菜や米のときもあったが、今夜は、野生の果物で過ごした。

心の調和については一抹の不安がないではなかったが、心を落着けると一瞬のうちに、今朝と同じような心境になるのだった。

くる日も、くる日も、心の調和は不動であった。しかし、それ以上の変化はなかった。

一七　梵天との対話

あれから、もう十三日が経っていた。

いうなれば反省の止観にはいって、二十一日目であった。

心の調和に自信を得たが、その調和を崩したくない、とゴーダマはおもった。この心

のままでこの世を去ることができれば、これほど幸せなことはないと考えたのであった。

二十一日目の夜を迎えたゴーダマは、今夜から食事もとらず、肉体の衰えるのを待つことにした。そう心に決めながら瞑想にはいってゆこうとした。

と、そのときであった。突然眼前が明るくなった。黄金色の光明の中に、バフマランが立っているではないか。アモンと呼ばれているバフラマンである。

ゴーダマより背は高く、しかも、幾分痩身である。純白の、絹織物のような衣服を裾まで下げ、腰のあたりを紐で結んでいる。彫《ほり》の深い顔立ちで、一見、年輩のようにも見えるが、よくみると四十二、三ぐらいである。見覚えのあるような感じだが、ゴーダマには判然としない。ともかく、黄金色に包まれたその姿は、神々しいまでに、美しかった。

その両脇にもう二人いた。その一人はクラリオといわれていた。

三人は、やさしい眼差しで、ゴーダマを見下ろしているのである。

ゴーダマの心を見抜くように、それでいて慈悲の眼差しが温かく光っていた。ゴーダマは、この三人のバフラマンをまぶしそうに見上げた。見れば見るほど美しかった。自分もこのまま梵天界に昇天してゆくのではないか、と錯覚すらおぼえるのだった。

アモンと呼ばれるバフラマンがいった。

「ゴーダマ。死ぬことはならぬぞ。たとえお前が死んでも地上界に戻すこともできるのだ。この地上界にいたくないといっても、全ヨジャーナーのどこへいっても逃げることはできぬ」

ゆっくりと語るその声の波動は、威厳と慈悲に満ちていた。

ゴーダマは、ついさきほどまで考えている死にたいする想念の動きが、その声の波動で、あとかたもなく、打ち消されていくような気がした。

「お前は何を悟ったのだ。悟りにはどんな意味があるのか、お前にわからぬはずはない……」

アモンの言葉は、相も変らず厳しかった。

ゴーダマは、いつの間にか叩頭していた。静座のまま両手を前に出し、体と頭を地にはうようにして、バフラマンの次の言葉を待った。

「わかったのか、ゴーダマ……」

「お言葉をかえすようですが、私の悟りを衆生に説いてみても、わかってはくれないでしょう。やはり、このまま死なせて下さい」

「馬鹿者――」

アモンは一喝した。その語気は微塵も妥協を許さぬ激しいものであった。

「お前が衆生を救済しないで誰がやる。よく考えてみよ。慈悲の心は、衆生の中に、必ずや安らぎとなって、仏心を蘇らすことができるのだ。法は心の太陽である。心の太陽を失った人々に、神理の法灯を、もう一度、点じていくのだ。神理の法灯を絶やしてはならない。第一、お前は、私たちの世界に在ったときに、それを約束して生れ来たったのではないか。その約束を果たさずして、帰るべき家はないのだ。それぐらいのことは、悟ったお前にわからぬはずがないではないか……」

ゴーダマは叩頭したまま聴いた。心の耳できいた。語気はきびしく、一切の妥協を受け付けぬ鉄の固さを感じたが、その言葉の端々から受ける語音は、慈愛にあふれていた。

ゴーダマは、肺腑に衝撃をうけたような感じであった。もはや後に下がるべき理由が見当らない。生れる前から、衆生を救う、といって出てきた自分であるとすれば、その役目を果たさずに、肉体の生命を絶つわけにはゆかぬ。アモンという偉大なバフラマンから、そういわれてみると、地上に生れる以前の自分の決意が、なにかこう、心の一隅から、突き上げてくるようであった。

「わかりました。……やってみます」

ゴーダマは、やっと、そう返事をした。

「わかってくれたか。それでこそ、あなたは、偉大なる大指導霊である。思い出して欲しい。私はあなたの友、アモンという者です。あなたとは、いつの世でも、私が地上に出ればあなたが、あなたが地上に生れれば私が、あなたを見守ってきた者です。いずれ、おいおいこの事実がわかってくるでしょう。私たちは、あなたのこれからの後半生を、つつがなく歩まれるよう、どんな協力でもします」

アモンはこういうと、その光明の中で、ニッコリと笑った。

ゴーダマが、衆生済度の決意を述べると、アモンの言葉は丁重になった。

人の魂は肉体を一度纏《ひとたびまと》うと、なかなか自分という者が悟れないものである。五官に左右されるからだ。腕をつねれば痛いし、眼に映ずる外界は、あたかも実在界のそれのように、立ちはだかって見えるからである。このために、あの世のボサタ―（菩薩界）に

しても、下界に住みなれるとしばしばその現実に幻惑されて、役目を果たさず、帰っていく。あの世に戻ってから、

「シマッタ……」

と、後悔するのである。

如来と称する人のなかでも、そうしたことが間々、あるのである。それほど、この色界（現実社会）はむずかしいところである。また衆生済度の心に燃えながらも、誤った方向に、人々をひきつれてゆく場合も、しばしば起こる。

近くでは日蓮がそうである。日蓮は、ボサターである。ボサターの心は、本来、広いものである。広くならなければ、ボサターの世界に住むことができない。その日蓮が、法華経を広めることに急なため、他の宗派を排撃した。念仏無間地獄、禅天魔といって既成宗団を激しく批難した。また、佐渡に島流しの際に嵐を静めてくれた竜を崇めている。竜は法を守るための諸天善神の化身の一つである。つまり、八大竜王（この名称は役目を指す）の傘下にあって、八大竜王の手足となり、法の護持に、正しき者を守る役

目を担っているのである。八大竜王は諸天善神であり、諸天善神は、ボサターになるための修行の場であり、役柄である。遭難を救ってくれたその行為への感謝は当然であるが、仏のように、崇めては、間違いなのである。ともかく、このように、いくつかの間違いを犯した。日蓮は、あの世に帰ってから、約六百余年、現象界でつくり出した陰影のアカを落とす修行に励むことになったのである。

現象界は、このように人の心を惑わす。自分の行くべき方向がわかっていても、間違いを犯してしまうのである。

アモンが、厳しい鉄のような言葉から愛に満ちた丁重な語調に変わったのも、その悟りのむずかしさをゴーダマは難なく切り抜け、しかも、地に沈んだ法灯の火を燃やすことを誓ってくれたからだった。

アモンは後にイスラエルに生れ、愛を説いたイエス・キリストである。イエス・キリストの前世の名をアモンと呼んだ。現象界の呼び名は、そのまま、あの世に帰ってからの呼び名になるのである。

ゴーダマは身のひきしまるのを覚えた。

ゴーダマは、まだ叩頭したまま、今迄考えていた浅薄な心を反省するのであった。

クラリオと呼ばれるバフラマンがいった。

「ゴーダマ、遠慮しないで頭を上げなさい。三十六年もの間、直接あなたを見守ってきたが、ついぞ話もできなかった。しかし今、こうして、あなたと、自由に、語ることができてうれしい。今のあなたは、光明に、満ち満ちている。よく精進してくれた。よく一切の苦しみから解脱してくれた。私は、本当に、うれしい。ゴーダマ……、顔を上げて下さい。私は、今のこの感激を、なんと表現していいかわからない。かわいい我が子に、地の果てで、やっと、めぐり会えたような気持です……」

クラリオは泣いていた。ここまでいうと、もうあとは声にならなかった。ゴーダマは、やっと顔を上げた。クラリオ、アモンの二人の眼は、真赤にはれていた。もう一人のバフラマンは、モーゼであった。ガッシリとした体躯と、そのあごひげに特徴があった。モーゼも眼をしばたたせながら、何度も、何度もうなずいていた。

心はやっと落着いた。波風が収まった。が、しかし、人の心というものはおかしなもので、落着いてくると、またゆれ出すものであった。

ゴーダマの心の中で、またもや、このまま死ねたらどんなにいいだろう、という影が、かすかにゆれた。

が、その瞬間であった。

「死は逃避である。自分の心から、自分を逃げ出すことはできない。心は、己の宇宙だからである。逃げた先々で、自分の心を見るであろう。肉体が滅びようと、滅びまいと、心の姿は変わらない。智慧と勇気と努力をもって、衆生に生き甲斐を与えるのだ。苦しみから解放するのだ。もう、そういう心をいだいてはいけない」

アモンは、やさしく、そうさとすのであった。

ゴーダマは、このアモンの言葉で、ようやく、決意が固まった。

〈これから先、どんな苦難に遭おうとも、きっと乗り切ってゆくぞ〉

と、アモンの顔を見すえ、唇をかんだ。そして、かすかにゆれた死の影に、羞恥《しゅうち》をおぼえるのだった。

「ゴーダマ、あなたの体験のすべては、そのまま神理なのである。多くの衆生は、あなたをみならい、人生の迷いから一つ、一つ、学び、心のなかに安らぎをひろげてゆくであろう。正道に反した生活というものは、楽しいことでも苦界に通ずる。苦は楽の種、楽は苦をつくるが、衆生は、この理《ことわり》を知ろうとしない。心ある者は、必死になって、この理を求めているが、神理の遠きを感じて、ある者は現実に妥協し、ある者はその大事な生命まで絶っている。我儘な心がそうさせるのだが、この心は、人間をもっとも毒す。この心があるがために、人は苦界から抜け出すことができない。あなたの体験は、こうした心を持った者でも、やがてはその神理にめざめ、内在された偉大な智慧をひもとくカギを与えることになろう。世はまさに暗黒である。あなたの神理は、今を置いて、ほかにない。この秋《とき》をはずせば、人々の心は、悪魔に支配され、人類は亡び去ってしまうだろう。頼みます。私たちは、あなたの行手《ゆくて》に山があれば、その山を取りのぞこう。谷があれば、橋を架けよう。河があれば、舟をつくろう。どんな協力でも惜しまない。

ゴーダマ、お願いしますよ」

アモンは、こういうと、右手を上げ、微笑を浮べた。

「必ずやります。私のすべてを投げ出し、神理の法灯を、衆生に伝えましょう。これからも、よろしく、お願いいたします」

ゴーダマが、そう決意を述べると、三人のバフラマンは、実在の世界に静かに消えていった。

ゴーダマの正法流布の心は、このとき、ようやく、不動のものとなった。

バフラマンたちの消えたウルヴェラは森閑とした暗闇のそれであった。周囲の情景は、まるでウソのように、現実にかえっていた。

一八　梵天界での自覚

消えかかった焚火の傍で、ポツネンと静座していたゴーダマは、さっそく、薪をくべ、火をおこした。火勢はいきおいを増し、赤々と燃えひろがった。ときおり、野獣の咆哮がきこえる。だが、ウルヴェラの森は、ゴーダマ一人を残し、寝についていた。

もう夜も遅いので、これからの計画は明朝にしようと思い、ゴーダマは横になろうとした。と、そのときであった。ゴーダマの体が、妙に動き出すのであった。

宇宙即我の悟りを体験した、あの時の経験に似ていた。

軽く、体が動き、しばらくすると、もう一人の自分が、肉体から抜け出していた。肉体から抜け出したゴーダマは、光明のドームの中にあった。そのドームの中を、こんどは、物凄いスピードで、上昇をはじめていた。

ドームをのり切ると、視界がひらけ、新緑に匂う、美しい芝生の、スロープのきいた丘の頂きに、ゴーダマは立っていた。

肉体舟のゴーダマはピパラの大木の根元で休んでいる。

目もさめるような緑の丘は、地上界では見ることのできない景観であった。丘陵は雄大なスロープを伴って、幾重にも連なっている。遠望には森の一角が見える。その森の緑も、鮮やかに色づき、黒ずんだり白けてもいない。芝生の色も、グリーン一色であり、足で踏みつけることが、なんとなく気になるほど、生きているという感じなのである。

上を見ると、太陽が黄金色に輝いている。地上のそれは、赤々とした灼熱の炎を思わせるが、実在の太陽は、安らぎとゆるやかな光を放っている。

ゴーダマは思わず、

「オー」

と、感嘆の声をはなった。

そうして、しばらくの間、身じろぎもせず、その太陽に心を奪われた。

太陽をみつめていると、かつて自分が、この太陽の下で、長い年月を送ったことが、走馬灯のように思い出され、なつかしさと、邂逅との入り混じった感情が、ゴーダマの五体を、ゆさぶり続けた。

しばらくそうしていると、いつの間にか、何人かの人影が、ゴーダマの周囲に立っていた。旧友知己に会ったような感じだが、その中の誰かが、どうぞこちらへ、といわんばかりに、ゴーダマに会釈している。どの顔も、明るい。肌が、すき透るように美しい。

ゴーダマは、いわれるままに、彼らにしたがった。

しばらく行くと、集会場のような所に案内された。

集会場には、何百、何千という人々が集まっていた。

黄色、白色、そして黒人も幾人か見えた。衣服はというと、ギリシャ時代のそれもあれば、古代中国の重い服装に身を固めた人もいた。いうなれば、世界各国の人種が、一堂に集まり、時代を越えた服装で、ゴーダマを迎えているのであった。

人々の中から、アモン、クラリオ、モーゼの三人が姿を現わし、ゴーダマを笑顔で迎えてくれた。

さきに梵天界に帰っていた三人と、梵天界の人たちが、ゴーダマを招いてくれたのであった。

アモンは、さあこちらに来なさい、といわんばかりに、人目につく場所にゴーダマを案内するのだった。

集会所といっても、野外である。新緑の芝生が一面に、きれいに整理された、ゆるやかなスロープの斜面である。その斜面に、何千というボサターが、色とりどりの服装で集まり来たっているのである。もちろん、梵天界の人々も姿を見せている。

身近にいる人の顔をのぞくと、どれも、これも、見憶えのある、オヤお前が、あんたがここに、といった具合いに、まるで三十六年ぶりに、故郷に帰った懐しさであった。

どの眼もうるんでいた。

アモンの紹介で、ゴーダマは斜面の頂きに立った。

ゴーダマは、三十六年ぶりに、梵天界で、説法をはじめるのであった。

「すべてのものは縁によって生じ、縁によって滅する。人の魂は、神理から始まり、神理にしたがって、永遠の進化を続けてゆくものである。が、進化の途上において、神理から外れた生活行為を人は生み出してゆく。その原因はいずれにあるか。人生の苦しみ、悲しみは、自らの心がつくり出した、いわば心の陰であり、その陰は、五官六根を縁とするところにあるのである。人がこうした苦悩から解き放たれるには、八正道という中道の心を目標にした実践行為しかない。五官六根は一方において執着を生み、執着は足ることを知らない心がつくっている。心の安らぎを求めるならば、まず足ることを知った生活、とらわれのない生活、人間として、神理に即した義務と責任を果たし得る自覚が必要なのだ。今、この場は、民族を超えて、人々が集まっている。人類は、皆兄弟であるということを、如実に、示している。この事実を、下界の人々に知ってもらわなくてはならない。あなた方の使命は、重大といわなければならない。……」

ゆっくりと語るゴーダマの言葉は、澄み切った大気の中から、荘重な波動となって、流れて行った。

このときのゴーダマの語調は、地上界の肉声とはちがった、重厚な鐘のひびきに似ていた。その一言一句は、そのまま光の言魂となって、集まり来たったボサターの胸底を、ゆさぶり続けた。

約一時間にわたる説法は、アッという間にすぎていた。

説法が終っても、聴衆は、その終りに気づかなかった。しばしの沈黙があってから、大地が割れんばかりの、どよめきと、拍手の渦が巻き起こった。どの顔も、紅潮し、感動にふるえていた。

ゴーダマは、アモンらと別れを告げると、ピパラの大木の根に、しばし休息をとっていた己の肉体の人となった。

普通では、こうした現象は考えられないであろう。肉体に宿るもう一人の自分、つまり、魂が肉体から抜け出て、現象世界と全く同じような、感覚と状態で、いっときをすごすということは……。

夢のなかで、現実と同じような経験を、誰しも一度や二度、ないしは何十回となく、くりかえす者もあろう。また特殊な経験として幽体離脱というのもある。魂の離脱は、この幽体離脱というものであるが、これには次元が幾層にも分かれていて、その人の魂の所在によって、みてくるもの、体験の仕方がちがってくるのである。

あの世の太陽の輝きは、そこに住む者の心を映して、何百、何千種もの色合いをみせているものである。したがって、その経験にとぼしい者が、この世の太陽と比較して、素晴らしいあの世の太陽をみてきた、といっても、その色調なり、その人の心の状態をみると、どの階層の太陽かが判別できるのである。

ゴーダマは、魂の離脱という、それも、約一時間にわたる幽体離脱の体験をした。これはかつてない経験であった。カピラにいた当時、地下室での瞑想のおりに、夢に似た状態で説法している自分を描き出したことはあった。衆生を前にして、法輪を説いていく自分の姿に、我にかえることがしばしばであった。しかし、あのときと今度では、次元もちがうし、現実性に大きなへだたりがあった。あのときのそれは、夢に近いものであったし、今回のは、白昼堂々、それも、光子体（魂の体）の自分が語っているのである。

反省の瞑想にはいってからというもの、次々とおこる不思議な体験にたいして、ゴーダマは、感激せざるを得なかった。梵天界の美しさは、言葉や筆では表わせない。数少ない天女たちの気品と洗練されたふるまいは、地上のそれとは比べものにならなかった。

肌は、すき通るようだし、眼はエメラルドのように輝き、微笑をたたえていた。

男も女も、その衣装は、さまざまであったし、それでいて、少しも違和感を伴わず、自由と調和が、自然に、とけこんでいる。

動物や小鳥たちまでが説法を聞いているのには、ゴーダマも唖然となった。

この世の友人とはちがって、献身と信頼、責任と偽りのない心が通い合っているためであった。

ゴーダマは、肉体舟の己に戻ってみて、やがて自分が帰るべき未来の園は、梵天界であることを、はっきりと悟った。同時に、肉体舟から抜け出したもう一人の自分を、しっかりと確認できたし、肉体は、人生航路の、あくまでも舟であって、魂の己自身こそ、永遠の生命体であることが自覚され、通常は、その肉体舟に乗ってしまうと、人間は盲目同然となり、あやまち多き人生を送ってしまう、ということを悟るのであった。

一九　正法流布への旅

肉体舟は、両親という縁によってつくられ、この縁は、本能として、神から、この地上界に適した肉体舟を保存するために、うけつがれているものであり、いわば、魂（意識）の「鞘《さや》」のようなものといえる。

それだけに、死は、地上界での下船を意味し、生は、魂と肉体の一体化を意味する。

魂の先祖と肉体の先祖の縁によって、現在のゴーダマ・シッタルダーが在った。

魂の先祖がわかってくると、前世、過去世が思い出されてくる。

前世はどこで生まれ、なにを為したか。そうして何歳で死んだ。過去世はどこの国で、どうして人世を渡ったか、ということが次々と明らかになってくる。

いわば生命の転生輪廻が、必然の形で、明らかになってくるのである。

ゴーダマは、こうして、自分の前世、過去世を、思い出していった。

ゴーダマをして、出家の第一の動機は、なんといってもゴーダマを生み、一週間で他界した母親マヤのことであった。魂の先祖を思い出す反面、肉体舟を与えてくれたマヤのあの世の所在をさがした。探すと、すぐにわかった。マヤは菩薩界に住んでいた。成長したゴーダマの姿を見たマヤは、ゴーダマの成人ぶりに涙を流し、その前途を祝福してくれた。

肉体舟にとらわれ、地位や名誉、欲望に目がくらむと、厳しい地獄界で魂の修行をしなおさなくてはならない。多くの衆生は、執着と肉体舟にとらわれた生活を送る。そうして、転生輪廻の過程は、行きつ戻りつの繰り返しであり、心の前進は、いっこうに現われてこない。一寸先が闇夜である現象界の生活を思うと、いたしかたない、といえばいえるが、しかし悲しいまでに、愚かしいのが、人間であるといえる。

幸いにして、ゴーダマは、魂と肉体、生命の転生、永遠の輪廻、そうして、人生の目的というものを、心と身の両方を通して、悟ることができた。

この事実と真実は、何ものにも増して、至上のものであり、その至上の宝を、衆生に伝えなければ、アモンがさとしたように、悟った意義が失われるというものだ。

獅子身中の虫は、マラー（悪魔）やアスラー（阿修羅）、キンナラ、マゴラー、ナガー

（動物霊）であり、こうした悪霊でも、慈悲には勝てない、ということをゴーダマは知った。多くの衆生が、現象界に出てくると悪に染まり、あの世に帰って、修行をやり直し、きれいになって現象界に生れ出ると、再び悪に染まるのも、もとはといえば、人の心に巣を食う、マラーやアスラーの仕業であった。したがって、この事実を、衆生に知ってもらい、慈悲の心が、いかに大事か、いかに尊いか、いかに偉大であるかを、悟ってもらわなくてはならない。この地上界は、光と影のコントラストの場である。だからこそ、善がわかり、悪を知ることができる。光一色では、光もわからぬだろう。いわんや影を見ることもできぬ。光と影の両面を経験することによって、真の安らぎを悟ることができるのだ。地上の仏国土は、こうした経験を経て、はじめて、達成されて行くものだが、しかし、その理《ことわり》を人々が認識しなければ、いつまで経っても先へは進まぬ。

ゴーダマは、その悟りの重大さを、しみじみと味わい、肝に銘じるのであった。

ウルヴェラの二十一日間は、ゴーダマの人生を大きく変えた。過去三十六年間の経験と人生を、わずかの間に、数倍も上回る厚味をもって、かえてしまったのである。

不安と困惑の人生に、終止符を打った。悪魔に勝った。生死を超えることができた。

いつでもひもとける智慧の袋を摑んだ。何ものをも恐れぬ不動の心が、ゴーダマをガッチリと、支えるのであった。

東の空が白んできた。ピパラの住人たちのさえずりがはじまった。

赤々と燃えるようなその奥には、梵天界の黄金色の、ゆったりとした太陽が、くっきりと姿を現わしていた。

ゴーダマは、現実の自分にかえった。自分に戻ると、

〈さて、いったい、この正道を、誰から伝えてゆくか〉

と、思案するのだった。

この六年間でも、結構知人はできた。もちろん、道を求めた最初の頃であったし、あれからもう、四年、五年も経ってしまったので、そうした修行者の顔を、こちらは憶えていても、先方は忘れているかも知れない。ただ、カピラの王子（ラジャー）ゴーダマ・シッタルダーの出家は、当時のインドでも、かつてない事件に等しかったし、ゴーダマの存在は、たいていの修行者の耳に入っていた。ラジャーの出家はジャイナ教の教祖ラジャー・ジェナーもその頃であったが、その数は非常に少なかった。

それだけに、ゴーダマの名は知れ渡っていたし、ゴーダマの言葉に耳を傾けない者はいないはずである。

しかし、ゴーダマは、親しい修行者の顔をまず思い浮べた。その相手は、アララ・カラマー仙であった。

六年前、三カ月ほど入門し、彼の人となりを知った。風光明媚なヴェッサリー郊外の修行場は、今でも、はっきりと印象に残っている。その風景とアララ・カラマー仙の組み合わせは、出家して間もなくであったためか、その後のゴーダマの心の一角に、常に陣取っていた。

アララ・カラマー仙は、学者であった。そればかりか、心の曇りの少ない、賢い人であった。三百人近い弟子たちは、彼の思想や学問よりも、彼の人柄にひかれていた。

ゴーダマが訪ね、二カ月ほどすると、彼はこういった。

「私の後継者として、道に励んで欲しい。私の経験と知識を、ことごとく、あなたに伝えたい」

だが、ゴーダマは、彼の下を去った。

理由は、彼の下では悟れないことを知ったからである。

後継者に選ばれたにしても、悟れなくては出家の目的が果たせない。

しかし、今、こうして、悟りの境涯を伝えるとなると、まず最初に浮んできたのは、アララ・カラマー仙であったのだ。

ゴーダマは、心を調和させた。

すると、アララ・カラマー仙のいるヴェッサリーの町が、はっきりと、眼の前に映し出されてきた。そうして、かつてゴーダマが修行したアヌプリヤの森の近くも、見えてくる。

〈アララ・カラマー仙はどこにいるだろう〉

と、ゴーダマは、おもった。

彼の修行場のあたりを、見回してみたが、彼の姿は見当らなかった。六年前の彼は百二十歳になっていた。百二十といえば、当時でも稀有の年齢である。節制と温順な人柄が、かくも高齢を保たせる素因をつくっていたのかもしれない。

ゴーダマが、

〈ハテ、彼はどこにいったのだろう〉
と、思案していると、バフラマンの声が、きこえて来た。

第二章　五人の阿羅漢《アラハン》

一　観自在力

「アララ・カマラー仙は、今から一週間前に他界し、この世（あの世から見ると、現世はあの世であり、あの世はこの世と立場がかわる）に来ている。弟子たちもみな他の修行場に散り、訪ねても無駄でしょう」

というのである。

バフラマンの声は、アモンであった。

ゴーダマは、何か、淋しい気持に襲われるのだった。

「ゴーダマ、いやブッタ。あなたは正道を悟り、すでにブッタとなられた。まずあなたが悟られた仏法を伝えるべき者は、六年も苦楽を共にしたコースタニヤをはじめとした五人のクシャトリヤたちではないか。五人の者たちは今ミガダヤというところで修行をしている。そこへ行かれよ」

ブッタはアモンの声が終るか終らないうちに、眼を閉じると、パラナッシーの郊外とまったく同じような景観を示す修行場に、五人の姿を見出した。五人の者は思い思いの位置で禅定をしていた。

「ははあー、やってるな」

と、ブッタはおもい、アモンからいわれる通り、五人に会うことに、心を決めるのであった。

ゴーダマは、アモンからブッタと呼ばれた。ブッタとは神の心と一体となった観自在力を備えた者をいうのである。観自在力とは、過去、現在、未来を見通す超能力のことで、それは人の前世、過去世、あの世の生活、現在の心の状態、そして、その人の未来図が手にとるようにわかるのである。さらに集団を形成している部落、民族、国についての過去、現在、未来も個人と同様にわかってしまう。当時のインドではこのことをアポロキティー・シュバラーといった。

観自在力はボサター（菩薩）になると、その能力が備わってくる。現象の奥にかくされた実相がわかってくる。けれどもその範囲はせまい。心がひらかれ、ボサターでも段階が進むと、透視力、理解力が一段とひらけ、物の真実が明らかとなり、原因と結果、本物と贋物《にせもの》、そうして深遠な神理が理解できるようになってくる。ブッタ（仏陀）の観自在力は、いわば観自在力の頂点に立つものであり、それはまさに神の能力に等しい、というところから、そうした呼称となった。

イエスのことをキリストと呼んだ。キリストとは神理ということである。神理を備えたイエスはそのまま神の子であり、観自在力を縦横に駆使して、人々を導いたのであった。イエスは法輪《ほうりん》についてはあまり説かなかった。魔王の徘徊が激しく、人々の心が野獣に等しいため「愛」の心を衆生に理解させることが先決であったからである。同時に、イエスの役は「愛」を説くことであって、仏法全体についてでなかった。仏法と慈悲についてはゴーダマ・ブッタの役割であり、その役柄は、いつの時代でも変らない。

仏法（正法）には文証、理証、現証の三つが兼ね備わっていなければならない。仏法は大自然を基盤に成り立っているので、こうした三つの証明がなされるように仕組まれているからである。文証とは、心と自然の摂理の仕組みが論理的に説明できることであり、理証は、それの科学的な証明、現証は実際面での実証である。

ここ三千二百年の間に、モーゼ、ゴーダマ、イエスの三人が世に出、それぞれの役に応じた使命を果たして来た。それぞれの使命を三つの証明に当てはめてゆくと、ゴーダマは仏法を説いたので文証を、理証は多くの病める者を救ったイエスがこれに当り、数多くの奇蹟を残した現証はモーゼであるといえよう。もちろん、この三つの証明は誰が出ても同時に行なっては来たが、個々の使命と役目ということになると、以上のような分野にわかれてくるのである。

仏法はゴーダマの役目であり、その役目にめざめたゴーダマは、ブッタにふさわしい深遠な神理を会得したので、アモンは、ゴーダマのことをブッタと呼んだのであった。

アモンをはじめとして、二人のバフラマンから

「地上は迷妄に陥った心が渦をまいている。人生の目的と使命がどのようなものか、その価値を悟らせ、一切の苦しみから救うことがあなたの役目……」

と、説得されたゴーダマ・ブッタは、悟りをひらいたウルヴェラの修行場を出立すべく、準備をはじめた。

準備といっても、ホンの身の回りの道具しかない。乞食の鉢と鹿革の水こし、それに飲料水のはいった竹筒、わずかな食べ物であり、これがブッタの全財産であった。だから旅立つとなると、ものの五分とかからない。焚火の始末さえすれば、それで終りである。

ブッタは身仕度を整えると、二十余日も世話になったピパラの大木に別れを惜しんだ。そうしてまずネランジャラの河岸に下り、ホコリと垢にまみれた僧衣を洗濯し、体を洗った。赤々と燃えるような太陽の日差しは、ブッタの濡れた体を、またたく間に乾《かわか》してくれた。木蔭で涼をとり、僧衣の乾くのを待った。あぐらをかき、河の流れを眺めていると、ある連想が浮び心をとらえた。もし陸地にネランジャラのような河がないとすれば、陸地の生物はどうなるだろう、ということだった。草木も動物も生きてはいけまい。河は人間の肉体にたとえれば血管に当ろう。血液の流れのない肉体を考えることはできない。河といい、血管といい、どれも生物にとっては欠くことのできない生存への条件であり、自然も人体も、生命を維持するために、必要な環境をつくっているわけである。今までは飲料水と体を洗うことしか考えなかったネランジャラの河が、今こうして眺めていると、大自然の微に入り、細にわたった計画の全能性のもとにあることに、あらためて驚異の想いが湧くのだった。

乾いた僧衣はサッパリして気持がよかった。

さて、いよいよ出発である。心身は爽快であるが、何か身のひきしまるおもいであった。求めるのと与えるのでは立場がまるでちがうからであった。

バフラマンとの対話、マラーと対決し屈服させたこと、宇宙即我の体験、どれ一つをとっても奇想天外な事柄ばかりである。話してわかってくれるだろうか、という不安がやはりつきまとった。しかしこうした不安は現象にとらわれている自分があるからであり、とらわれを捨てれば、安心の自分があるだけであった。

要は人々に、そのとらわれを捨て去り、正道に適った生活をすることを明らかにすればよいのであった。

ブッタは立ちどまって、今までの体験を、もう一度思い浮かべた。

今世に生れて、早や三十六年。春夏秋冬の四季を三十六回経験し、三十六回の輪廻を地球と共に体験したことになる。この間、眼にうつる自然は、そのまま「法」(タルマー)の姿であるが、しかし反面、その自然は地上の人間の知と意の介入を許さない厳しい存在でもあった。知が智慧となり、意が大我となり、情の心が宇宙大にひろがることによって、自然はいつでもそのベールを脱ぎ捨てて、語りかけてくるものであった。

自然は、心を語り、心を教えていた。春夏秋冬の輪廻の法は、心というエネルギーによって動いているのであり、したがってそのエネルギーの意識である慈悲と愛の心にふれるならば、自然は、偉大なる師であり、友であり、自分でもあったわけである。

衆生が、自然の心を知りたいと欲するなら、まず童児のような素直な心になることであり、そうして悲しみをとりのぞき、喜びをわかち合う慈悲の心、むくいを求めぬ助け合う愛の心に帰ることであった。

自然はいつでも大手をひろげて、それを待っているのである。それを拒み続けているのは自然ではなくて、人間の方なのであった。語っても通じないし、大雨を降らすかと思うと、何十日も干天の日が続く。意思も感情もない自然の生活は、人間をよせつけぬ厳しさがあり、それでいて気紛れな存在のように見えるのである。だが、その心にふれると、こうした気紛れな原因と結果が、何に起因しているかがつまびらかになってくるのであった。

神理の教典として古くから知られているヴェーダやウパニシャードも、大自然の理《ことわり》からすれば、狭く、小さく、人間の知と意によって、つくり変えられてしまったのである。

そのために、誰も彼もが、正しい見方をとることができず、心の物差しを失ってしまった。人はオギァーと生れた途端に、業という苦悩を背負って生きてゆく生物、と考えられてきたのである。

思索をめぐらしているブッタの今の心は、おごりも、へつらいも、あせりも、不安も、一切の執着はなかった。しかし、その当のブッタも、つい数週間前までは、人生の土壇場にまで追い込まれ、生と死の紙一重の境に立っていたのである。考えてみれば、不思議であったが、過去世の自分を知り、過去世で体験した偉大な智慧が、いつ、どこにいても引き出せる自分に気づくと、なんの不思議もなかったのであった。

さらにもっとも力強いことは、現われているのは一個のゴーダマでしかないが、ゴーダマの背後には、多くのバフラマンが協力してくれているので、独りでないという勇気づけにもなっていることであった。意識を向ければ、いつでも答えが出るし、教えてもくれた。必要があれば、なんでもわかった。これほど有難いことはないとおもった。悟りの充実感は、悟った者でないとわからないが、その明暗については、ゴーダマ自身がいちばんよく知っているだけに、バフラマンの協力を思うと、目頭が熱くなるのだった。

正法こそ、求め続けて来た心のよりどころであった。その法は、神の心にしたがった正しい秩序であった。そうしてその秩序を心の中に確立するには、八正道という物差しによるのであり、その物差しによる想念と行為が、諸々の業と、今生でつくられた片寄った性格を修正してゆくものであった。

人は誰しも、生れ来たった時は、丸く純な汚れない心を持っていた。成長するにしたがい、くりかえされた過去世の業にひかれ、再び業を生み出し、後天的な新たな性格をつくってゆくのであった。

「ゴーダマ、お前が衆生を救済しないで誰がやる。人々の心に法灯を絶やしてはならない。もしも法灯を絶やせば、世の終りがくるであろう」

と、アモンの言った言葉が、ゴーダマ・ブッタの心によみがえり、天から与えられた正法流布の責任と自覚が、ひしひしと感じられてくるのであった。

二　ウルヴェラからミガダヤへ

ネランジャラ河の水面に太陽の光が反射してまぶしくひかる。その小さな光は、まるで夜空の星のようにキラキラと明滅し、生き物のようにみえる。

懐しいウルヴェラともしばしの別れだ。周囲の景色、小鳥や小鹿とも、しばらく会えない。短かい期間ではあったが、悟った地だけに去りがたい気持になった。

ブッタは歩きはじめた。コースタニヤらのいるミガダヤに向って、ネランジャラ河にそって歩いた。

歩きながら、フト考えた。

「バフラマンのいわれるように、また自分の心の中に映ったあのパラナッシーの郊外とまったく似た場所に、果して、五人の者が修行しているだろうか」

すると、心の中で声がした。

「あなたは、ウルヴェラの森から、ラジャグリハの町に出られよ。そうしてラジャグリハの北側から東北に進み、山あいを通り、マガダ国の境へガンガーの河を西に上り、カッシー国にはいるがよかろう。カッシー国の都パラナッシーに行って、イシナパタ（修行場）をたずねればよいだろう。その場所がお前の目指すミガダヤだ。信じて行くことだ。結果を体験することがよかろう」

「ハイ、ハイ、お仰せの通り、そうします」

と、ブッタは一人で返事した。

はたからみると、まるで自問自答しているような格好である。

バフラマンの声は、ブッタの心の中から聞こえてくるのであった。その声の主は、姿も、影もない。

今では、バフラマンの声を素直にきく心になっていた。そうして探し求めてきた道が、あまりにも身近に、自分の心の中にあったということを悟った。重い足をひきずって山中をさまよった、ついこの間までの生活を思うと雲泥万里のひらきがあった。ウルヴェラに辿りついたときのゴーダマは、身心ともまるで死人同様であった。その同一人が、わずか一カ月足らずでウルヴェラを去る時には、光明に輝いている。現象だけをみていると、人の運命はまったくわからぬ、ということになる。心の中は青天白日であった。何の執着もとらわれもなかった。だから足どりも軽かった。

ラジャグリハの町が目の前に迫って来た。

林の木蔭で涼をとり、休んでいると、二人づれのサロモン（修行者）がブッタの脇に

腰をおろし
「いい天気ですなあー、あなたはどちらから来られました？」

と、なれなれしく言葉をかけてきた。

「私はウルヴェラの森で修行していた者です」

とブッタは返事をし、相手をみた。二人とも年の頃は四十前後。一人は面長、一人は丸顔で、話しかけて来た遊行者は面長の口のとがった、いかにも話ずきの感じの男であった。元気なところをみると、遊行もほどほどにやり、身なりを整え、髪を手入れすれば、僧というより商人といった雰囲気であった。

ブッタは、この両人に正道を説いてみようかと、心が動いたが、思いとどまった。

「私はバラモン種に生れ、道を究めるために、厳しい肉体行にも耐えぬき、遊行をつづけていますが、前途は遠いようです。出家してすでに十数年になりますが、この間、マガダ、バッチ、カッシー、コーサラとあらゆる国々を遊行し、これからガヤ・ダナーの修行場に行こうと思っています」

と、面長の男が話をつづけた。

＜ガヤ・ダナーといえば、ウルヴェラ・カシャパーのいる修行場だな＞

とブッタは思った。

ブッタもかつてはウルヴェラの森を選んだことがあった。ラジャグリハ・バーストの城主、ビンビサラー・ラージャン（ビンビ・サラ王）から、カシャパーが偉大な仙人であることを聴いていたからである。いずれ縁が熟し、会えることもあろうと考え、出家この方、ついぞ訪ねたことがなかったのであった。

今、修行僧からガヤ・ダナーの修行場に行くと聞き、親近感を覚えるのだった。

「フイフイ教の修行をやられるのですか」

と、ブッタはきいてみた。

「いやそうではなく、私の師とその教えがどうちがうか、いわばそのちがいを見聞するために行くのです。私はウパッカという名前で、サンジャーを師として学んでいる修行僧です。火の神のご利益がどんなものか、この眼で確かめたいためです。ところであなたは、どなたを師としておられるのか」

と、ブッタの顔をのぞきこんだ。

「私には師はありません。あえていえば、自分自身が師といえましょう。一切の苦は、自らの心と行ないがつくり出すもの、肉体を痛めることによって、心の中に生ずる煩悩を滅することはできないでしょう。私は、一切の執着から離れ、悟りを開くことができました。私は人生の勝利者であり、誰も師と仰ぐ者はいません」

ブッタは、ちょっと力みすぎた。話し方もぎこちなく、ブッタ自身もまずい言い方だと思った。ウパッカの隣りに座っていた丸顔の修行僧は、この言葉にアッケにとられてか、体をのけぞって、ブッタの顔をまじまじとみつめ、

「ああ、そういうこともありましょう、そういうこともあるでしょう……」

というと、ウパッカをうながし、ブッタが今来た道の方に立ち去ってしまった。

話し方というものは簡単なようでいて、むずかしい。思ったことをそのまま語っては、相手に戸惑いを与えるだけである。相手の立場、相手に考える余裕を与えるような話し方をしなければ、正しく語るとはいえなかった。

〈もう少し、修行者の心になって語すべきだった〉

と、反省するのだった。

今のブッタは、この機会を何とか生かし、正法を教えてやりたいという気持が先に立ち、悟りの心境を生のまま、言葉にしてしまった。それがかえって反作用を生み、聞く耳をとざす結果になってしまった。

ブッタは、自らの心のどこかに、まだカピラの王子としての自負心が残っていたのだろうか、それとも、悟ったことにたいする自己満足な心が、両人に、正法を教えることが出来なかったのだろうかと、思うのだった。

これからは、言葉に、よくよく注意し、相手の心になって語ろうと、心中深く期するのだった。

「実る程に　頭の下がる　稲穂かな」

自然は、何も語らぬ。語らぬが、自然はその実感を、身をもって教えている。

悟ったからといって、他人を見下すようなことがあってはならないのだ。謙虚な心とは、何もへりくだることではない。中身が充実し、その充実感が広く、深くなればなるほど、大宇宙のように無限の包容さを持って、万生万物を生かしつづける心であったのだ。

「宇宙即我——」

この心こそ、ゴーダマ・ブッタの心でなければならない。

それなのに、肉の身の己に戻ると、目前の枝葉に、ついとらわれる。今までは自分一個の問題に限られていた。これからは人の中にわけいって、人々を済度しなければならない。どんな小さな子供を見ても馬鹿にしてはならないのだ。その小さな子供が、やがて成人し、時至れば、大王となり、迷える人々を救う救世主になるかもしれない。燃える火についても同じことがいえよう。小さな火も馬鹿にし、粗末にすれば、ラジャグリハの町も、この森も、一瞬のうちに焼土と化すことができよう。

〈あせってはなるまい。あせる心を捨てて、遊行を楽しみながら、ゆっくり歩むことだ〉

と、ブッタは思うのだった。

三　イシナパタでの不思議（修行場の妖気）

ブッタの旅は続いた。果物をかじり、托鉢をしながら、洞穴や岩山を背に、野宿を重ねる。行き交う僧に何度も会った。修行中の僧を見ることもあった。修行中の僧を見ると、数年前の自分の姿を見ているようで、憐れにさえなった。炎天下の焼けるような砂岩の上で、苦悶にも似た形相で、座禅をしている。座禅の目的は悟るためか、肉体の限界に挑戦するためなのか。その厳しい肉体行には頭が下がるが、これでなければならぬという、かたくなな自我を捨てないかぎり、悟ることはできない。厳しい肉体行では、かえって肉体的煩悩のとりこになってしまうのである。

ブッタは、そのサロモンに声をかけようと立ちどまってみたが、今の彼に、中道を語っても聴き入れることはできまいと思い、その場を通りすぎた。

ラジャグリハの町にはいった。六年前と少しも変わらなかった。多くのサロモンが集まり、肉体行は相変わらずさかんであった。誰も彼もが、肉体を痛めつけることによって悟ろうと必死だった。ある集団の周囲は妖気さえ立っていた。赤、黒、灰色がかった色彩が彼らの一人一人のまわりをとりまき、湯気のように、立ち昇っているのだ。金色とか、緑、紫といった色調を持った者は一人もいない。

肉眼では彼らの周囲から立ち昇る精気を見ることはできない。いうなれば、第三の眼を通して、心眼を働かすと、その色彩がハッキリと望見することができるのである。

肉体から出ている精気の色彩は、そのまま、その人の心の状態を表わしている。怒り、ねたみ、欲望、ぐち……。こうした想念が心を支配していると、赤や黒や灰色に包まれてくる。反対に、慈悲や愛の心、自我欲望の少ない人のそれは、金色や緑、あるいは紫の色彩を帯びてくるのである。

したがって、心の状態は、心眼をひらいた人の前では、絶対にごまかしが出来ないということになる。

精気の色彩は、そのままあの世に通じ、反映する。このため、そうした心を持つと、その色彩に応じて、あの世の魔王、地獄霊、動物霊をひき寄せ、精神的、肉体的に、さまざまな現象となって現われてくる。たとえば奇癖、非常識、病気、事故などは、あの世の底辺の生物が作用することによって起きてくるのである。色彩の美しい、安らぎのある緑、金色（この世の黄金色とは多少ちがう）になると、あの世の天使がその人を導いてくれるので、安心した生活が送れるようになってくる。

肉体行を重ねているサロモンたちの背後には魔王や動物霊が憑いたり、離れたりしていた。彼らは、たがいに、人に負けてはならないと、苦痛に堪えているのであった。心のシコリを取り除くことを知らず、ただ行ずれば超能力が備わると思っている。超能力というものは、いわば正法実践のための便法であり、それが目的では本来ないのである。ところがサロモンの多くは、目的と便法を取り違い、人間離れした能力を求める者が多かったのである。だから彼らの修行場は、肉眼でも一種異様な光景を呈しており、心眼でみると、動物霊や鬼が彼らの間にやってきて、彼らの行《ぎょう》を煽動しているのであった。

修行場の妖気は、彼らの心と眼に見えぬ鬼の仕業であったのである。

ブッタは、初め彼らの一人をつかまえ、肉体行中心の修行は悟りから離れた迂回の道であることを諭そうと考えたが、さきに道で会ったサロモン同様に、聴く耳を持たぬ者に、いくら話しても無駄であった。縁薄き者には、時の経過が必要だった。このことはまた、道を求めて来る者についても、同じことがいえるのであった。早くから正法を学び、あれこれ知識としてわかっていても、実践の伴わぬ者は、いつになっても悟ることはできない。正法は、信と行との車の両輪と同じように、まず信じたならば行ずる。行ずると、さまざまな問題にぶつかり疑問が生れる。疑問は、行ずる者には必ず解決されるように仕組まれているのである。解決されれば、理解は一層深まり、信の心は広く、深くなってくる。こうして、信と行は、いよいよその幅をひろげ、安らぎの悟りへと導いてくれるのである。

ブッタは、修行場を通りすぎながら、

〈いずれはこの地に来て、正法を説かねばなるまい〉

と、おもった。

ラジャグリハの北門を出たブッタは、ナーランダの町に向かった。

この町には、非常に理屈っぽいサージャンといわれるサロモンがいて、たいていの者はいい負かされた。ブッタはそのことを前もって知っていたが、顔を合わせても、議論はさけようと考えていた。幸い、その機会もなく、ナーランダをさらに北上すると、パタリーガマに着き、川一つ越せばヴェッサリーの町であった。

ヴェッサリーは懐しい町だ。昔は、よくこの町に遊びに来たものであった。町並みも、店も昔とあまりかわらない。その町なかを食を乞いながら、何者にも束縛されずに遊行するのは、本当に楽しい。行き交う人々の、こもごもの生活は、昔のゴーダマに引き戻してくれた。

引き戻されると、足どりも軽く、口元が自然にゆるんでくるのを覚えた。だがしばらく行くうちに遊行の気分は一新されてきた。悟る前の遊行なら、悟りをひらく目的があった。しかし今のブッタは、かつてのゴーダマではなかった。すでに目的を果たし、現在は五人の者に会いに行く途中であるだけである。遊行の楽しさから
〈これでいいのだろうか、今の自分は人生を逃避しているのとちがうだろうか〉
という思いが、ブッタの心をかすめた。

社会は、分業という形態をとり維持されている。遊んで暮すことを許さない。百姓は野菜や米をつくる。商工業者は、その商品を売って生活する。それぞれが持場を守って、正しく仕事に精進することが、社会生活の基本的なルールである。商人や工業者、為政者が、欲につられて、正しく精進することを忘れたり、なまけ者が出てくると、全体のバランスを失い、貧富の差が激しくなってくる。生産をあげることだけが仕事ではないし、独占は、もっとも大きな弊害を伴うものだ。また、医者は病人を癒し、法律家は社会秩序を守るための番人でもあった。

ブッタの今の立場はどうなのであろう。正法から外れた地底に呻吟する人々を救うた

めの大事な役目を担っており、それは社会生活を中道という軌道に乗せるためのもっとも基本的な問題である。ブッタの仕事は、人々を横道の生活から、正道に戻す神理の伝道であり、遊行そのものに、心を乱してはならないのであった。

八正道の目的と彼岸の悟りは、人間がつくり出した物質文明とそれにまつわる地位、名誉、財産ではなく、調和という中道に適った仏国土、ユートピアの人類社会をめざすものである。人生の価値は、その与えられた職場や環境を通して、調和という神の心、人間生活をより豊かにする魂の進化に、どれほど貢献したかにかかっている。したがって仕事や環境は、いわば、魂進化のための手段にすぎず、これにおぼれてはならないのであった。

ブッタには迷妄に陥った人々を救うという大事な役が負わされている。その役の遂行に、心に曇りをつくってはならないし、まるい豊かな、清純な心がもっとも必要なことであった。

ブッタは、この点に気づくと、現在の心と行ないについては、決して逃避や自己満足ではなく、与えられた使命の重大さにあらためて自信と勇気が湧いてくるのであった。

ブッタの旅は続いた。

パタリーガマからカッシー国へ。山川草木を友としながら、パラナッシーの都にようやく辿りつくのであった。

四　最初の弟子

パラナッシーは、商工業の発達した都であった。人口約十万。現在の東京と比べたら問題にならないが、当時としては大変に栄えた都市であった。家は主に土蔵造りで密集して建てられ、町から一歩外に出ると、原野がひろがり、森がつらなっている。土蔵造りは窓が少なく家の中は暗いが、炎天と砂ボコリから身を守るためには、木造より安定している。市場は、道路の両側に露店がひらかれ、人の往来で動きのとれぬこともあった。さまざまな日用品がならべられ、客足を集めていたが、なかでも絹織物の製品の売買がさかんであった。ブッタが少年期から出家までの衣類といえば、ほとんどがカッシー産であった。

パラナッシーの都は昔から正統派のバラモンが多く、街を歩くとよく見かけた。彼らは、上等の絹織物を身につけ、悠々と歩いて行く。彼らが行くと人はさけて通った。バラモンに対してはクシャトリヤも商工業者、町の人も、一目も二目もおいていた。バラモンは特権階級であった。ブッタはそんな中を、ただ黙々と歩いた。はたからみるとまるで乞食同然であった。衣服は雨露にうたれ、ホコリと汗で黒ずんでいる。野に伏し、洞穴に身を寄せ、灼熱の太陽にさらされ通しであったのだから、裾は切れ、腕のつけ根が破れ目からのぞかれる。頭髪も適当なところで切り、あごひげは時おり剃ったが、今は伸び放題。サロモンか単なる乞食か、その異様な風態は、一見しただけでは判別がつかない。乞食とのちがいは、落着いた眼光と、しっかりした足取りにあった。スタスタと、脇目もふらず歩いて行く。ボロをまとった物体が、人の知らぬ間に過ぎ去って行くさまは、人間離れした仙人を思わせた。

　現在のブッタには、へつらいも、形も、優越も、劣等感もなかった。ひたすら、八正道を心の物差しとして、ものを見、ものを思い、ものを語る、それに終始した。刻々ときざまれる時の流れの中にあって、その一秒一秒は、正道を尺度とした思念と行為の生活であった。

目指すミガダヤは、パラナッシーの郊外にあった。

ヴェッサリーの郊外アヌプリヤの森とちがって、ミガダヤのイシナパタ（修行場）は、あらゆる種族出身者が道を求めて集まっていた。彼らは、それぞれの流儀にしたがって、肉体行を中心とした行を重ねている。

当時の修行は、そのほとんどが肉体行である。今日のように、他力本願ではなかった。したがってその意味では自力であり、神を求める人々の渇望は熱烈であったといえよう。戦いにつぐ戦い、安住の生活は、求めても求められなかったという社会環境も一因していよう。しかしそれ以上に、当時の人々は、現代人より純であった。都会人のそれと、都会の風に染まらぬ地方人の素朴な感情をみくらべると、その差がはっきりしよう。昔と現代についても、それだけのちがいがあった。肉体行は間違いであっても、身を挺して神を求めたその努力は、それなりの評価が与えられよう。現代はどうであろう。仏教は他力となり、その他力信仰も、人々の心に迎合した現世利益になり下がっている。仏閣は観光の足場となり、仏教は死者を弔う葬儀屋となってしまった。自力も他力も名ばかりで、人の心は宙に浮く物質文明の末法と化している。なんのために働き、何をどうしようというのだろう。物質の奴隷となって、昨日も今日も、人々は、夢遊病者のように動き回っている。哀れというより、くるところへ来てしまったという感じである。人が心を失えばどうなるか、残された道はただ一つ。奈落の淵に堕ちるより、行き場がないのである……。

ミガダヤの気候、風土は温暖であり、日影はさわやかであった。密林や湿地帯もなく、それだけに野獣の出没も少なかった。修行者は洞穴や岩場、大木の影に座る必要もなく、草原や平地でも安全に禅定ができた。

カピラ時代に、商人やクシャトリヤから話にきいていたが、ミガダヤの地を踏むのは、ブッタは今日がはじめてだった。聞きしにまさる土地柄である。

コースタニヤたちの修行場は近くにあった。彼らが今何を考え、どう修行しているかもブッタにはわかっていた。パラナッシーの町で遊行しながら、ここで二晩をすごした。その二晩の反省と瞑想三昧のなかで、彼ら五人の姿を見、心の動きについてはバフラマンから教えられていたのである。

ミガダヤの修行場の中を美しい清流が横切っている。その清流を映して丘の緑が鮮かな色彩をたたえている。コースタニヤたちは、川岸からいくらも離れていない砂地と雑草の生えている林の中にいた。ブッタは、しばらく、彼らの様子を見てから、近づいて行った。

コースタニヤは、ブッタの顔を見、ちょっと驚いた風だったが、すぐ思い直し、後向きになってバッティーヤーと、何かこそこそと話をしている。

ブッタは彼の後に立つなり、

「しばらくだった。そなたたちの後を追って、ようやく会うことができた」

と、声をかけた。

ところが、コースタニヤはもちろんのこと、彼らは、ブッタの言葉に、返事一つしようとしない。彼らはブッタの長旅の目的を知る由もないし、ブッタを心よく思ってもいなかった。

「コースタニヤ、そなたは私の話が聞こえるであろう。私の顔を見るが良い。私は、ついにブッタになった。悟りをひらき、シュバラーになることができた。そなたたちの修行は極端である。煩悩を滅しようとして肉体行をしているが、肉体行は肉体の執着を反対につけてしまい、ますます己を見失ってしまう……」

と、ここまでブッタが言うと、

「あなたは、私たちの師でも王子でもない。私たちは修行者だ。サロモンだ。堕落した者と話をするのも汚らわしい。他の場所で修行したらいいだろう」

コースタニヤは、ブッタの言葉を、まったく取り合わなかった。

「コースタニヤよ。私の顔を見て話しなさい。今までのシッタルダーではない。おまえは先程、アサジたちにも、ゴーダマが来た、一人の修行がこわくて、私たちの所へたずねて来たぞ、といい、誰も相手にするな、我々はカピラのクシャトリヤではない、といっていた。師でもなく、王子でもない。ゴーダマの身の回りなぞ、決してみてはならぬ、とな……。バッティーヤーその通りだろう」

「はい、その通りです」

アサジと、バッティーヤーは、同時にそういうと、ブッタの足もとにひれふし、ブッタの顔を見上げるのであった。

さすがのコースタニヤも返す言葉がなく、うなだれていた。

「私はシュバラーだ。おまえの心の中も、ミガダヤに来た道順も、すべてわかっているのだ。別の場所で修行しよう、シュバラーになるのだ、ということをウルヴェラでいっていたが、今のそなたの心の中は、大きな疑問が立ちはだかり、行き詰っている。悟っていれば、おまえは私の心の中がわかるはずだ。どうだ、コースタニヤ。おまえの顔には安らぎがない。心が不安に満ちているからだ。なぜだろう……」

ブッタの言葉は、コースタニヤの心をグイグイと引っ張っていった。反発しようにも、心の中を見すかされ、どうにも手の出しようがなかった。同時に、ブッタの威厳のある言葉は、これまでのゴーダマではなかった。六年余にわたって求め続け、今ようよう天来の師に、めぐり合ったような気がコースタニヤにしてくるのである。

剛情な彼も、素直な自分の心に戻りつつあった。

「ゴーダマ様、誠に申し訳ありません。修行を捨て、堕落したと思いこんでいました。無礼の罪をお許し下さい」

コースタニヤは、そこまでいうのがやっとだった。そうしてブッタの顔をのぞくようにして見上げた。

「いやいや、コースタニヤ、詫びることはない。そなたが私から遠ざかったために、私は、心をひきしめ、自分自身を、しっかりと見つめなおすことが出来たのだ。六年間も行を共にし、いつも厳しい肉体行の明け暮れだった。あのまま修行を続けていれば、私の体は、栄養を失い、亡び去っていたであろう。肉体があってこそ、悟れるものだ。ポコラ（私）は、ウルヴェラの村娘の歌を聞いて、今迄の肉体行の誤りを発見することができた。片寄ったものの考え方、行ないを改め、中道に適った生活こそ、正しい法であり、悟りをひらく道であることがわかったのだ。私は、そなたたちの心の中を自由に見ることができる。そればかりか、そなたたちの過去、現在、未来をも見通すことが出来るのだ。シュバラーになったのだ。コースタニヤよ。心と行ないを中道に定め、正しく生活するようにしなければならない。そなたはまだ、私に疑念をいだいているが、素直な心が何よりも大事だ」

ブッタは諄々と説いた。

アサジもバッティーヤーも、ブッタの言葉をかたわらでき、これまでの修行の誤りを発見するのだった。そうして、大きく頷いた。

　しかし、コースタニヤは、ブッタに指摘された通り、心のどこかに、まだ疑念があった。

「ご指摘の通り、私には、まだ納得のゆかぬところがございます。ゴーダマ様は、ついこの間まで、平凡な修行者の一人だったと思います。そのゴーダマ様が、どうしてこうもお変わりになられたのでしょう。私には、ゴーダマ様の数十日間の空白をどう理解していいか、わかりません。しかし、今のゴーダマ様のお姿と、そうして、私の心の中を、くまなく見通されるその通力は、私が求め続けて来ました神の心ではないかと思います。ともかく、今のゴーダマ様は、かつてのゴーダマ様とはちがいます。私の心は、ようやく安らいで参りました。このような不思議な、落着いた気持になったことははじめてです。どうぞ、私を導いて下さい。お願いいたします」

　コースタニヤは、やっとここまでいい終えると二、三歩後に下がり、大きな体を芝生の上にひれ伏し、そうして立上がり、ブッタの周囲を三回まわると、ブッタの足元に、改めてひれ伏すのであった。

　これを見ていた残る四人も、コースタニヤにならって、ブッタに帰依するのであった。

かくして、五人の弟子が生れた。

バフラマンからいわれた通り、パラナッシーからミガダヤの地を訪れ、五人のクシャトリヤに会い、その五人がいずれもブッタの最初の弟子になったのである。

「……何もいわず、信じて行くことだ」

といったアモンの言葉が、ブッタの心に浮んだ。

出家して六年。考えてみれば、長いようで短かい期間であった。この間、五人とともに苦楽を共にし、師弟の関係にあったとはいえ、それはカピラの延長としてのそれであり、心の師弟ではなかった。しかし今の関係は、はっきりと、心の友であり、その絆は、目的を共にするだけに、何物にも代え難い、強く丈夫な糸によって結ばれることが出来たとブッタは思えるのであった。

五　光明への開眼

アポロキティー・シュバラーとは、既述したように、観自在力ということである。自分のほか、他人には絶対にわからない心の秘密、思っていることが、そうした能力の前では、一切隠しだてが出来ない。自分の心を自分が見て知っているのと同じである。否それ以上の微細な点まで明らかになってしまう。

観自在力は、人間の表面意識と潜在意識の同通によって生じるが、それだけではない。重要なことは、魂の転生の過程においてつちかわれた、内在された能力である。

一般的に、観自在力を持った者を観自在菩薩というが、ブッタの観自在力は、その頂点の能力を指す。だからブッタ（仏陀）といった。ブッタとは古代インド語で神の心と同通した能力のことである。仏、あるいは仏陀という名称は、中国に渡ってからつけられたものである。

ところで観自在力について、疑問を抱く向きがあるようである。その能力が転生の過程につちかわれたとすれば、そうした過去を持たない者は、今世でいくら正道を実践してもその能力が生じてはこないと……。たしかに、仏の心を悟ることは至難であろう。しかし、観自在菩薩に近い能力、アラハン（阿羅漢《あらかん》）に至ることは誰しもできるのである。今世の修行（心の在り方）の度合いに応じて、守護霊のほかに、指導霊が背後にあって、その者の水先案内をしてくれるからだ。そうして時には、観自在と同じような能力が与えられる。

人間のこの世の目的は、正道の実践である。調和された自分自身をまずつくり上げることなのである。観自在力を求めるためではない。この点を混同し、踏み外すと、目的と修行がわからなくなってしまう。

さて、コースタニヤをはじめとした五人のクシャトリヤは、ブッタの説法を聞こうとする機根が整ってきた。

人の心が、瞬時に、わかってしまうアポロキティー・シュバラーについては、五人共、バラモンの経典であるヴェーダやウパニシャードを学んでおり、理解していたからである。ただ、コースタニヤだけは、心のどこかにゴーダマの現在の状況を、どうしても理解できないでいた。今までやって来た修行の仕方に、間違いがあるとは思えなかったのである。

「ゴーダマ様、あなたはウルヴェラの森で修行者の掟を破り、生臭い牛乳をお飲みになり、修行をお捨てになられた。今は、シュバラーの境地におなりになりましたが、私たちのように、修行者の掟を守って、このように厳しい肉体行に耐えているのに、どうしてシュバラーになれないのでしょうか」

コースタニヤはブッタの座している目の前で頭を地につけ、こう質問するのだった。

言葉こそ丁寧であるが、修行に不平等があるような気がして、彼の心は、やはり揺れていた。

ブッタは、コースタニヤの心中を見抜いていたし、他の四人の心をしっかり見届けると、「そなたの疑問は、よくわかっている。私もかっては、同じ疑問を持ったことがあった。しかし、その疑問は、やがて解けてゆこう。だが、もし、その疑問を、今すぐ知りたいと思うなら、私をゴーダマと呼んではならない。私はブッタになったのだ。……」

と、静かにいった。

コースタニヤは、威厳のあるブッタの言葉に、思わず、

「ハイ、ハイ……、ブッター……」

と、今の自分の心にいい聞かすように、大きな体を、固く小さくして、そう答えるのだった。

他の四人も、コースタニヤにならって、頭を地につけ、心の中のすべてを投げ出すのであった。

夕陽は西の空をあかね色に染めている。ゆるやかな川面に、夕映えの雲がうつり、夜のとばりを告げていた。

ややあってブッタは、ゆっくりした語調で言葉をつづけた。

「そなたたちは片寄りすぎた生活を続けている。ミガダヤの樹木の姿を見るがよい。幹が太ければ、その根も広く張っているはず。枝は幹から出、小枝は枝を足場に、緑の葉を繁茂させる。美しい花を咲かせる樹木もあろう。もしも、枝が幹よりも太く、幹よりも根が小さければどのようになるか。葉が小枝より重ければ小枝は折れてしまう。根と幹、幹と枝、枝と小枝が調和されているから、大木は風雨にさらされても安定している。根を張った幹と枝葉は、中道の心を教えている。人の道もこれと同じだ。心という幹を忘れ、法という根を失って、五官という枝葉の煩悩にふり回されるから、正しい人生を送ることが出来ない」

五人は頭を下げたまま、ブッタの言葉を、全身、耳にして聴いている。

「私も幼い頃から、中道をはずれた人生を過ごしてきた。権力をカサに、何不自由なく優雅な生活をつづけた。だが、欲望が満たされても、心は安まらなかった。否むしろ、満ち足りた生活がつづくほど、疑問が広がった。城内のクシャトリヤと城外の貧しいシュドラー（奴隷）の生活は、あまりにもかけ離れている。同じ人間でありながら、なぜ不平等な階級制度があるのだろう。太陽の光は、階級を超えて、あまねく照らしている。人の世だけが不平等である。なぜだろう。私は、生母の顔を知らない。義母に育てられ、何不自由なく育っても、生みの親でないことを知ってから、生母への追憶は、消えることがなかった。他国との戦い、そして破壊、罪もない者の死。いつ殺されるか知れぬ不安の日々。四季に応じた館はあっても、心の安住はなかった。人間の悟りは、このような環境の中からは得られるものではなかった。カピラを出た六年間は、衣食住に気を使う必要がなく、敵を意識することもない安穏の生活だった。しかし煩悩を滅する厳しい肉体行は、かえって肉体にまつわる執着をつくり出し、正道を悟ることができなかった。カピラの低落な生活も、厳しい肉体行も、ともに正道を自覚することのない修行方法であることを悟ったのだ」

ブッタの声の波動は五人のクシャトリヤの心中深く響き、眼をつむる者、うつむき領く者、カピラの頃と六年余の修行を回想する者、それぞれちがってはいたが、これまでの過ちに気づくのであった。

ブッタは説法をやめ、コースタニヤに、こう質問した。

「コースタニヤよ、そなたはカピラ・バーストで芸妓の奏でる弦の音を聞いたことがあろう。あの弦の糸を強く締めたらどうなるか、また、弱いとどんな音色になるか知っているか」

「ハ、ハイ……」

突然のブッタの質問に、コースタニヤはすぐには返事ができなかった。しばし考えてから答えた。

「強く締めれば切れてしまいます。弱くては調和された音色がでません」

「その通りだ。ではどうすれば良いのだ、それを説明しなさい」

「はい、弦の糸は中程に締めてこそ調和された音色がでます」

「その通りだ。人生も同じだ、弦の糸のように、強ければ切れてしまうものだ。厳しい肉体行は、かえって煩悩をつくり出し、一つ間違えば肉体舟はおろか、心は執着の権化に変わってしまう。肉体は人生の乗り舟にしか過ぎない。その船頭さんである心こそ永遠に変わることのない本当の自分自身であるということを忘れ、肉体舟の五官だけに翻弄されて、本当の自分を忘れていたのだ。丸い心の自分を忘れると、うらみ、ねたみ、そしり、怒り、欲望の渦の中に入り、本当の自分を見つけ出すことが出来ない。しかしそれがわかれば、苦しみは自分の心と行為がつくり出していたと気づくのだ。生れたことによって病気をし、老いて、死んでゆく。人生は苦しみといってもいい。人間がこの苦しみから解脱するには、心と行ないについて、その両極の生活から離れ、中道の道を修めることが最も大事なのだ。心を忘れた厳しい肉体行によって煩悩を捨て去ることは、非常にむずかしい。肉体舟の五官は、客観的にあらゆる諸現象をとらえるが、判断は自らの心がする。通常はその判断が、諸現象にとらわれる。このために、思うこと、行なうことが、心を忘れた現象となって生み出されてゆく。自分に都合が悪ければ、他人に平気で嘘をつく。表面をつくろい、自己保存に明け暮れてしまう。自分の心は自分に忠実だ。自分の心に自分は嘘がつけない。この事実は何人も否定できないし、人間が善なる神の子の証でもあるのだ。生れた時は人間は丸い豊かな心だったが、生れた環境、思想、習慣を経るにしたがい、丸い心に歪みをつくり出してしまう。その結果、心の曇りが光明の安らぎを失い、苦しみをつくり出す。私は安らぎの道を求めて出家し、そなたたちと共にウルヴェラの森で、厳しい修行を六年もやった。疑問と模索の中にさまよったが、解脱できなかった。少女の布施してくれた一件から、そなたたちは、ゴーダマは堕落した、修行を捨てたと思って、常日頃の不満を爆発させてウルヴェラを去ってしまった。ネランジャラ河を下って行く後姿を私は見送ったが、麻の実やごまの種をとっていたのでは肉体が滅んでしまう。肉体が滅んで何の修行があろう。私は、あの時、決意したのだ。体をつくり、自分をふり返ってみようと。そなたたちと別れた私は、死を覚悟し、ピパラの大木の根元で、三十六年余の自分を反省した。中道という尺度を基準に。その結果は、生と死の執着から離れることができたのだ。そうして、生老病死というものは、一切の苦しみであり、これから解脱するには、心と行ないに、どのような物差しを持って生活をすればよいかということがわかったのだ」

たんたんと説くブッタの言葉は、そのまま光であった。神理の言葉は光に満たされている。聞く者の心がひらいておれば、その光は、砂地に水が沈んで行くように、なんのよどみもなく、入っていく。彼ら五人は、ブッタの言魂の中で、六年余の誤りに気づき、新生への第一歩を踏み出していた。

あたりはもう暗くなっていた。他の修行者たちの薪を折る音が聞こえてくる。

「サロモンたちよ、顔を上げなさい。もう大分暗くなった。薪を集めて火をたき、その回りで道を説こう」

彼らは、やっと我に返った。

コースタニヤ、アサジ、バッティーヤーは、ほこりと涙で、顔はくしゃくしゃであった。どの顔も感激と感動につつまれ、足腰のしびれさえ忘れていた。

「ハイ、ハイ」

「はい……」

アサジも返事をして立ち上がった。が、足がしびれでよろけてしまった。

長いこと膝を折り、頭を地につけていたので、足の自由を失っていた。

やっとの思いで立ち上がり、

「今から薪を集めて来ます」

といって、前々から河岸に集めていた乾燥した薪を、バッティーヤーを促し、ブッタの前に運んで来た。

コースタニヤは、火種をもらいに、隣の修行者のところへとんでいった。

すりばち状になっている場所を選んで、五人は円状に座り、ブッタの次の言葉に全身を集中させるのだった。

焚火の焔は、心と身をあたためてくれた。どの顔も生々していた。昨日までの彼らは、迷路にはまりこんだ小羊のように、疑問と混迷のなかにあったが、今はちがっていた。体を暖めてくれる焚火の火は、神火であった。日焼けしたどの顔も、赤味をさし、安らぎと喜びが、五人を包んでいるのである。

ブッタは、一人一人に、柔かい視線を送っている。彼らの背後に、後光がさし、光明と共に、ボサターたちの姿がはっきりとみえた。

「ブッタ様、焚火の明るさとはちがって、何か黄金色の柔かい光が、ブッタを包んでいますが、私の目の誤りでしょうか」

何か思案顔のアサジが、その不思議な現象についてこう説明するのだった。そうして、他の四人の周囲について見くらべている。

「アサジよ、そなたにも見えるか。この光明は、人によって皆ちがう。正道を心と行ないの物差しとして生活し、他人に慈愛を施し、己に足ることを知り、一切の執着を絶った調和の心でいる時には、心に曇りがないために、光明に包まれるのだ。そなたたちの周囲にも、光明が与えられている。よく見るがよかろう」

ブッタがこう説明すると、アサジは、隣りに座っているバッティーヤーの顔をもう一度、こんどはのぞくように、光をたしかめるのであった。

四人のサロモンの後頭部には、丸い黄金色の光明が柔らかく、輝いていた。

アサジは、もじもじしながら、何度も自分の眼をこすり、眼をパチパチさせた。

そのうち、アサジは得心したのか、こみ上げてくる感激を抑えることが出来ず、声を出して泣き出した。

サロモンたちの後方、左右に光る黄金色の中にはあの世の天使たちが同じように感激し、眼頭を押さえている姿が、ブッタの心眼に、はっきりと映るのであった。

悟りを開いた時に、何回となく姿をみせたバフラマン（梵天）と同じような仕度をした血色のよい天使たちの、慈悲に満ちた光景である。

ブッタは、ふとミガダヤとは異なり、ここはそのまま天国ではないかと、錯覚すらおこるのだった。

周囲は暗い。森も、川も、大地も、安らぎの眠りに入ったようだ。焚火の火だけが、暗夜の眠りにさからうように、ピシピシと音を立てて燃えさかっている。

「サロモンたちよ、心を落ち着けて、私の法を聴くがよい」

と、ブッタはいい、彼らを見回し、言葉を続けた。

「そなたたちは、天国において、自らが両親を選び、肉体舟の縁を結んでこの世に生れた。生れた環境も、みんな自らの意思がそれを決めた。だが、この世の生活になれるにしたがって、両親にたいする感謝の心を忘れ、報恩の心をないがしろにしていく。不平不満の生活を送るというのが大半の人生である。ところが、人生における富、地位、名誉というものは、この世限りで永遠のものではない。それをまず腹に収めることだ。生れたときが裸なら、死ぬときも裸である。ところがこうした真実を忘れ、貧しい家に生れると、心まで貧しくなり、反対に、裕福な家庭に生れると、感謝の心を忘れ、堕落していく。ある者は、それぞれの環境の中から欲望の虜《とりこ》となり、足ることを忘れて、苦しみをつくって行く。哀れというより、人間とは、なんと愚かしきものよ。

サロモンたちよ、そなたたちは、まずこうした事実に、目覚めなくてはならない。そうして、この苦しみから解脱しなければならない。自らの心を、自らがしばりつけてしまう、その繫縛《けいばく》を解くには、正しい心の物差しを持って、毎日の生活を送ること以外にないのだ。よこしまな考え、行ないを捨てることだ。ミガダヤの自然をみるがよい。山川草木の自然は調和している。生かされるままに生きているではないか。小鳥や動物たちの生活は、一見弱肉強食のように見えているが、よく見ると、彼らは、自分を生かしながら、他を生かしている。虎やハイエナは、腹が満たされれば、他を襲うことはしない。草食動物がふえれば、草木が枯れてしまう。といって草食動物がいないと、草木は育ちにくい。彼らは、自然の条理にしたがって、自然を生かし、自らも生きている。自然は、相互に依存し合いながら、全体を調和させている。動物たちの弱肉強食の姿をとらえて、人間に当てはめようとすると無理が出る。彼らは、そうした姿を通して、全体を生かしているものであるからだ。人間は、たがいに助け合い、自然をも含めて、より高い調和をめざすものである。ところが、欲望の渦中に自らを置き、争うために生きてしまう。虎同士で殺し合いをするだろうか。よくよく考えなければならない。私の法は、大自然の万生万物が、相互に関係し合い、そうして、全体を安定させているように、まず、自己保存、自我我欲の心と行ないを捨て、人類は皆兄弟だという心境になることである。そうして、社会人類に奉仕することだ。苦と思わず、実践することだ。苦と思える自分があっては、実践は覚束《おぼつか》ない。そこで苦と思えない自分をつくることが先決であり、自己の確立が大事な要件になってくる。その要件を満たすには、八つの条理を、生活の基礎におき、物差しにして、自分自身の心と行ないを整えることだ。

正しく見ること

正しく語ること

正しいとは、片寄りのない中道をいう。相手のいうこと、そして自分の見方、見解に偏見がないかどうか。人間はえてして、自己中心となり、他人を傷つけ、自分の心にも傷をつけてしまう。不利なことであっても、常に第三者の立場に立って、正しい判断と、正しい言葉を忘れてはならない。

　正しく思うこと

　正しく念ずること

五官を通して私たちの心の中に生ずる現象、つまり思う、考えることについても、偏らせてはいけない。思うことは「もの」をつくり出す原動力であり、創造の源であるからだ。心の中で不調和なことを思い、そうして念じて行くと、やがてその不調和を人々に及ぼし、自分にかえってくる。自己の利益だけを思ったり、相手の不幸を決して念ずるようなことがあってはならない。常に円満な、中道の心を持ち、怒り、そしり、ねたみ、うらみ、ぐちることなく、足ることを知った心の状態を心掛ければ、心は光明に満たされ、安らぎの境地に至ることができる。

　正しく仕事をすること

　自ら選び、与えられたその職業は、それはそのまま天職であり、その仕事を通して、人生を学習してゆく。仕事、職業は、人生経験を豊かにする新しい学習の場であることを忘れてはならない。職業は、人々が生きて行く上の相互依存の大事な場であり、したがって、健康で働けることに感謝しなければならない。感謝は報恩となって実を結ぶ。百姓たちが野良に出て精を出し、収穫を得ることによって家計が保たれる。報恩とは余ったものを人々に布施することだ。困っている人々を見て、みぬふりをし、自己保存に耽る心は、自らが苦しみの種を蒔いていることになる。仕事といっても、他に害を及ぼす仕事は正しいとはいえまい。

正しく生きること

正しく道に精進すること

正しく定に入ること

片寄りのない人生を歩いているか、いないか。人としての道を外していないかどうか。瞑想という反省を通して、心の曇りを晴らした生活が大事なのである。私は、三十六年間の人生において、思ったこと、行なったことの一つ一つを反省し、心の曇りをとり除き、一切の執着から離れることが出来た。安らぎの境地は、こうして得られた。そなたたちも今から、今までの人生体験の善悪を反省し、八正道にそむいた想念行為があったならば、心から神に詫び、同じ間違いを犯さないようにすることだ。反省は、盲目の人生航路を修行する人間に与えられている神の偉大な慈悲なのだ。動物たちに反省の能力のないことをみてもわかるだろう」

ブッタの言葉は、こんこんと湧き出ずる泉のように、よどみなく流れた。そして五人のサロモンの胸に、光となって吸いこまれていった。

光の輪は広がった。彼ら五人は、これまでの修行の過失《あやまち》と、正法の偉大さに襟を正した。そうして心の安らぎを得るには、自らが正しい心と行ないの積み重ね以外にないことを悟るのであった。

「ブッタ！、ウルヴェラでの行為を許して下さい」

コースタニヤはこういうと、ワッと泣き出した。かたくなな彼の心に、ブッタの慈悲の光明が射しこんでいたのである。

コースタニヤの大きな体は前後にゆれた。彼の慟哭は、草木の眠りをさまし、大地をゆさぶった。誰も彼もが、ブッタの法に耳を傾けていたのであった。

「コースタニヤよ、間違いを素直に認める心こそ大事なことだ。その心を忘れるでないぞ」

ブッタは、こうさとすと、右手を上げ、コースタニヤに、神の慈悲の光を与えるのであった。

コースタニヤの懺悔の涙は、四人の心にも伝わった。ウルヴェラの間違いは、独り、コースタニヤのみではなかった。四人が四人、かつてのゴーダマの行為に疑問を持ち、だからこそ、コースタニヤと行を共にしたのであった。もし、五人のうち、一人でも、一杯の牛乳がなにを意味し、六年の苦行に訣別するゴーダマの心を見抜くことが出来たならば、コースタニヤの言に心を動かされることはなかったはずである。彼らもまた、

〈ゴーダマは修行を捨てた〉

と、みたのであった。

ゴーダマ・ブッタの法に耳を傾け、反省してみると、コースタニヤの懺悔は、そのまま四人の懺悔でもあった。

アサジも、バッティーヤーも、マーハー・ナーマンも、そしてウッパカも、心の中で、ウルヴェラの一件を、深く反省するのであった。

コースタニヤは、ブッタの慈悲の言葉に返事もできず、体をふるわせていたが、やっ

と静まると、

「ブッター、今のお言葉を忘れず、中道の心を心として、修行に励みます。なにとぞ、お導き下さい」

と、いった。

　アサジは立ち上がった。

「ブッター、私は今から八正道の条理に合わせ、これまでの人生の一切を反省して参ります」

　彼はそういうと、暗い林の中に消えて行った。

　アサジが去ると、続いて、バッティーヤー、マーハー・ナーマン、ウッパカも、瞑想の場所を求めてブッタの下から去って行った。

　コースタニヤだけが、ブッタの傍に座し、ブッタと共に瞑想に入っていった。

六　心の垢を落としアラハンへ

瞑想は単に、無想の境を求めるものではない。心の垢をそのままにして無想を求めると、心の垢に応じた結果を招きやすい。心の内面において、たとえば、神仏を求める心と、名誉や欲望とが雑居していると、欲望に応じた魔をひき寄せる。神仏を求める心は、人間であるかぎり、当然であるからだ。

魔王や阿修羅、動物霊を呼び込むのは、心の垢を落とさずに、無想となった瞬間に入る。もちろん、無想の瞬間は、なにも瞑想のみではない。仕事に、念仏に、我を忘れたときも同じなのだ。無想には、いろいろな意味があるが、それは反省を積むことによって明らかになってこよう。

五人の弟子は、ブッタから教えられた通り八正道という心の物差しをもって、生れた時から、十代、二十代と、自分の過去をふりかえり、己れの過失《あやまち》を反省して行った。心の安らぎは、己がなした過失、つまり心の曇りを晴らし、偉大なる神の慈悲の光によって生ずる。

コースタニヤは、カピラのサムライ大将であった。武術もすぐれていた。それだけに、他人を蔑視する傾向があり、増上慢の性格を持っていた。上司に低く、下級の者に厳しかった。

そのコースタニヤは、一人ブッタのわきに座し、反省の瞑想を続けている。彼の反省が本物であることは、一筋の法悦の涙によってもそうであったし、ブッタの心眼でも確認できたのであった。

彼は、過去の自分を、手さぐりで追い求めていた。その強い性格と執着が、どこで生じ、いつ育ち、現在、どういう姿で自分の内面を形作っているかを、追っていた。

四人の弟子たちも、コースタニヤ同様に、過去の経験の一齣、一齣を反省し、神に詫びた。そうして、二度と再び、同じ過失をくりかえさぬよう、自らを戒めていた。

二日目の夕方であった。

彼らの顔は、一日目より明るかった。

同時に、彼らの後から放っている後光の量が多くなり、光りはじめていた。永い歳月、知らぬ間に積もった塵や垢の一部が取り払われたその隙間から、光明が射し込んできたからであった。

後光の量は、その人の心の調和度に比例する。調和度とは、神の子の自覚であり、それにもとづく想念のあり方であり、行為を意味する。調和度は、反省という努力、謙虚さから、まず出発する。どんな宝石でも、中身は光っていても、外からの力によって磨かなければ光沢は出てこない。私たちの想念行為も、正道という法に適った生活行為の積み重ねによって、後光の輝きがちがってくるのだ。

五人の弟子は、ブッタを囲み、昨夜の禅定の模様を語り合っていた。

コースタニヤがブッタに向っていった。

「不平不満の多い私を、ここまでお導き下さいましてありがとうございます。ようやく、本来の自分に戻れそうな気持になってきました」

不遜な彼も、今では仏弟子の一人として、まず謙虚な自分にかえりつつあった。

「コースタニヤよ、そなたの不遜な態度は、自らの心を傷つけ、自らして苦しみをつくっていた。愚痴る心は、自らの想念行為を、横道に歩ませる原因をつくる。相手の心と行ないについて、理解を示し、寛容な心を持っていれば、愚痴る心も湧いてこないだろう。自己偏愛が、愚痴になったり、怒りになったり、そしり、ねたみ、足ることを忘れる欲望の亡者になってゆくことを、悟るがよかろう。しかし、ウルヴェラの一件は、私の人生を振りかえる大きなきっかけとなった。道を求め、幾多の体験を積んで来た者たちは、どんな小さな問題でも、その問題の中から大きく悟れる機会を、常に持っていることを心に銘記すべきだ」

ブッタの説法は、ブッタ自身の体験であり、それだけに、彼らの心に、厳しく、重味をもって伝わっていった。

コースタニヤは、こみあげてくる感激と、自責の入りまじった感情を、眼に大粒の涙をためながら、じっとこらえていた。

昨夜もそうであったが、今夜も、雲一つない星空であった。

ときおり、光跡を残して、星が流れた。

ブッタの説法が続いた。

「人間は誰もメクラだ。過失を犯しやすい。他人の心がわかれば、調和への道も開かれよう。しかし、ほとんどの人は、自己保存の心に束縛されて、他人も、自分も見失ってしまう。不調和はそこから生れ、苦しみ、悲しみの原因をつくってしまうことを悟るがよかろう。心の正しい規準を知って、よくその原因を追求し、反省することが大事なのだ。過失は素直に認めて修正し、同じ過失を犯さないような生活が、自らの心を豊かにし、苦しみの人生から脱皮することが出来るのだ。心を正すには、即座に実践することが大事であって、明日があるという考えを捨てることだ。

人生は無常であり、死はいつ襲ってくるかわからない。今日のことは今日のうちになし、常に心の整理をして、一日生きられたことに感謝することがもっとも大事だ。一日一生は心と行ないが充実した毎日でなくてはならないだろう。

禅定は、自らの心と行為の一切を、正道によってよく反省をし、心の中の曇りを除くことである。心に曇りがあれば、光明への安らぎの心をみずからが閉ざしていることになるからだ。曇った心は不調和な暗い世界に通じ、その状態で禅定すると、心はマラー、キンナラ、マゴラー、アスラーのような地獄霊に支配され、心の自由を失ってしまう。

心の中にこだわりをつくってはならない。こだわりは、やがて、正しい自分の心と行ないの自覚から遠ざかり、一生を棒にふってしまうことになる。

執着から離れ、常に心が安らぎに満たされておれば、禅定の心はそのまま実在の世界に住し、三昧の悦びにひたることが出来るものである。今日から八つの正道を、心の物差しとして、精進するがよかろう」

こんこんと湧き出ずる清水のように、神理の言葉は、よどみなく流れた。

ブッタは、ここまでいうと、一息入れ、五人の顔をいちべつした。

バッティーヤー、アサジ、コースタニヤ……。五人が五人、ブッタの今の言葉を胸に受けとめていた。しかし、なにしろ昨日、今日のことである。彼らには過去六年という荒行の年輪があった。探し求めた正法神理とはいえ、一日や二日で理解できる道理はなかった。

どの顔にも、やはりあせりがあった。

マーハー・ナーマンが口火を切った。

「ブッタ様、私のような者でも悟ることが出来るでしょうか。私はブッタの説法を聞いているうちに、今迄の人生を思うと、暗い心に包まれ、良いことを一つもしておりません。常に自分のことだけしか考えず、欲望の渦の中で生きて来ました。シュドラーに対しても、傍若無人のふるまいをし、彼らを、人間扱いしてきませんでした。自分に甘く、人には厳しく……。自分自身がいやになりました。いったいどのように悔い改めればいいのでしょう。お教え下さい」

他の四人も、ナーマンの質問を我が事のように頷きながら聞いていた。

「ナーマンよ、そなたはよく自分の欠点を見つけ出した。正道を持たない者は、自分の欠点を探すことが困難であり、同じ苦しみをくり返すものだ。そなたは犯した罪を悔い改めようとしている。良いことだ。人間は生れによって聖者になるのではない。正しい心と行ないの積み重ねによって、自らを完成させていくものだ。そうして、人々を慈悲の心で、その苦しみから救っていく。こういう者こそ、光明に満たされた立派な人間といえる。人間は皆平等であり、貧富によって、その人の人格が定まるものではない。生活が貧しくとも、心が豊かな者たちもいよう。生活が豊かでも、心の貧しき者もある。欲望に足ることを知らない者たちは、心の中に多くの苦しみの毒をつくり出している。そなたは、今の謙虚な心を失ってはならない」

ブッタは、ナーマンの率直な心を、快くうけとめ、こうさとした。

「はい、わかりました」

ナーマンはこう返事をすると、その場に泣き伏してしまった。ブッタの慈悲の心に打たれたのであった。

道を求めている者の心は美しい。童児のように、すがすがしいものであった。出来るならば、今この場で、神の栄光を与え、人間の価値を知ってもらいたいとおもうが、正法の道は自らの努力、勇気、智慧によって体得するものであり、与えられるものではない。だいいち人間は誰彼の差別なく、神から、平等に、その智慧を与えられ、自らが悟って行くように仕組まれている。慈悲の光は、月光と同じように、夜道を照らす道案内はできても、歩く旅人ではないのである。旅人の心一つが、無明に迷うか、彼岸に至るかのカギを握っているのだ。

彼ら五人は、ブッタの指導の下に、禅定の心をつかみ、反省の段階を向上させていった。

五日目になると、剛情だったコースタニヤがまず心の窓を開いた。

彼は、自らの転生輪廻の過程を悟り、前世においてブッタの教えを学び、迷える衆生を救済したことを、当時の言葉で語り出した。

そして、己の人生における目的と使命に目覚め、アラハンの境地に達した。アラハン第一号である。

六日目には、アサジがひらいた。続いてバッティーヤーがその境地に立ち、古代インド語を語り出し、その喜びがブッタの胸に温かくひびいてきた。

残るはウッパカとナーマンの二人であったが、この二人も七日目で機根が整い、これまたアラハンとなった。

こうして最初の弟子五人は、いずれも一週間の反省と実践で心の窓が開かれ、ブッタの弟子にふさわしい境涯に至ることが出来た。

かえりみればこの五人は、カピラ時代から、ブッタの周囲にいつもあって、戦場ではブッタの影武者として護衛の任に当っていた。力もあったし、武力もすぐれていた。

ブッタが出家すると、シュット・ダーナーはまずこの五人がすぐ頭に浮んだ。そうしてカピラと同じようにブッタの修行を助ける護衛者につけたのであった。当然のなりゆきだった。

しかし正直なところ、そうした王の心遣いは、かえってブッタの悟りを遅らせる原因にもなった。自己を見つめる正道の第一過程は、自分を知ることであったからである。自分を知るには友や付添いは、かえって邪魔になった。自己を見つめる機会が失われたこともしばしばであったし、常に集団行動をとらざるを得なかったので、自分の意にそむくこともあった。病気をすれば寝ずに看護した。薬草を求めて、野獣が出没する危険な場所にも、足を運ばなければならなかった。しかも通常は五人のクシャトリヤはいずれも若く、体をもて余した。焚火をかこみ、托鉢の話に移ると、女が話題になった。どこの家は自分に厚意を示し、手に持てぬほどの布施をしてくれる。どこそこの家は美人の姉妹がいて、同じ時刻に行くときまって軒先に立って心よく迎えてくれる。托鉢は生活の大事な行の一つではあったが、時として、それが情炎を燃やすつけ火にもなるのであった。

ウルヴェラの一件から五人とたもとをわかち、独りになったとき、ゴーダマは、初めて出家の念願が適えられる機会を得たのである。もしもあのとき、ああした事件が起らず、五人と行を共にしておれば、心の陰を光明と化すことが出来ず、シュバラーの境地に到達することができなかったかも知れない。

幸か不幸か、五人はシュット・ダーナーとの約束を忘れ、ゴーダマの下を去っていった。出家六年目にして、ゴーダマは一人になって出家の目的を果たしたのである。

今こうして、五人のクシャトリヤが、それぞれアラハンの境地を得て、ブッタの弟子となった。彼らもまた同じ目的を果たすことが出来た。

六年の修行はこうしてみると決して無駄ではなかったが、しかし、ウルヴェラの一件こそ、考えてみれば悟道への一大転機となり、彼らもそれによって自分を知ることが出来たのであった。

ブッタは、アラハンの境地になって心の窓を開いて行く姿をみて、正道流布への大きな自信が、心の中から湧いてくるのであった。

アラハンたちは、ブッタのために雨露をしのぐ小屋をつくった。

日中は托鉢で食を乞い、小鳥や動物たちと同じように、その日その日を足りた生活を続けた。貯えることはしなかった。夜に入って反省の禅定を続け、調和の心を生み出していった。

バラモンのサロモンたちとの交流はほとんどなかった。彼らはブッタのいる小さな小屋を見つけ、その周囲に五人が師弟の関係を結んで修行に励んでいることをうすうす知っていても、ブッタの説法をきこうとしなかった。粗末な小屋と五人の弟子。他の教団に比べると、あまりにもみすぼらしい風情が、彼らに、聴く耳をとざす原因になったようである。

人間は五官に左右されると、つい形にとらわれてしまう。外観の立派さで中身をも評価してしまう。当時のバラモン種はいわば知識階級であり、自分たちほど優れた人種はいないと、自負の念を常にいだいていた。しかも彼らの集団は、他のそれを圧していたし、人々もそれを認めていた。バラモン教以外は、彼らにとってはいわば異教徒であり、外道であった。認められたものには従うが、真実なものには目をおおう、悪い習慣が彼らにはあった。

五人のアラハンは、近くで修行中の彼らをブッタに帰依させようと心をくだいたが、彼らは見向きもしなかった。

付・用語解説

■用語解説■

シュドラー――古代インド語で奴隷という意。

バラモン――ヴェーダ、ウパニシャードを聖典とする宗教で、その歴史は紀元前二千数百年の長きにわたる。この聖典は現在の仏教と同じように、聖者の説法をもとにして書き遺された。その聖者は、今から約四千二百年程前、現在のエジプトにおける、クレオ・パローターという救世主の説法がインドに伝えられたもの。当初のバラモン教は、人間の心、大自然の法を説いたものだが、歴史を重ねるにしたがって形骸化され、知と意に変わり、哲学化された。今日の仏教と同じ経過を辿ったわけである。釈迦の時代のバラモン教は、一大既成宗団であり、社会の上層階級を占めていた。

マーハー――尊称の意。

サロモン――当時の僧のことを比丘《びく》（男）比丘尼《びくに》（女）といった。その僧たちの最終修行は各地を遊行し、自分を悟ることにあった。その最終修行者を称してサロモンと呼んだ。

サマナー――これは一般修行僧のこと。

カルパー――人間の業のことである。普通は業のことをカルマといっているが、当時は、カルパーといった。

カピラ城――小さな砦で、その領地は現在の千葉県程度であった。

ヨジャーナー――今日の距離になおすと、三六キロから四〇キロぐらい。当時の人びとの一日の歩行距離をいい表わしたもの。

クシャトリヤ――当時の武士のこと。

ヴェシャー――農民、商工業者。

バフラマン（梵天）――当時のインドでは神のことをバフラマンと呼んでいた。人間の心の姿を仏教的にいいあらわすと、一番最下底が地獄、その上は幽界、霊界、神界、菩薩界、如来界の六段階にわけられる。梵天は菩薩界と如来界の間の階層にあって、如来になるための修行の場である。モーゼ、イエス・キリスト、釈迦は、如来界の上々段階におられる心の持主。

カースト制――階級制度。

ピパラ――日本では菩提樹といわれている。ゴーダマ・シッタルダーが座したピパラは、樹齢数百年もたつ、葉の大きい大木である。

ラージャン――王のこと。

マーラー――魔王。人間の心の隅にひそむ諸悪の想念。

ヤクシャー――夜叉。人を殺してもなんとも感じない、野獣のような想念。

アスラー――阿修羅。諸悪のうちの権勢欲、闘争欲の想念。

ナガー――竜や蛇のこと。

アボロキティー・シュバラー――漢字にすると観自在菩薩。過去、現在、未来を見通す超能力。バラモンの聖典にも出てくる言葉。

パピアス・マーラー――魔王の中のいわば大魔王。イエス・キリストにはサタンという名で登場してくる。

結跏趺坐、半跏趺坐――結跏は両足を、半跏は片足を組み合わす。座禅が長時間にわたる場合は、こうした組み方だと足のしびれを防ぎ、楽に出来るといわれている。主としてヨガから伝わった。

アモン――アガシャーの後に出て神理を説いた。イエス・キリスト（イエスの本名はインマネールといった）の前身の名。

クラリオ――イエス・キリストの分身の名。

モーゼ――旧約聖書に登場してくるモーゼ。

神理――この熟語は辞書にない。その真意は、絶対の理という意味。真理でもいいが、真は偽の対であり、相対的な意味合いになってくる。大宇宙を動かす意思は、人間の相対界を超えた大きなものであり、動かすことができない。こうした意味から、神の摂理、神の理、神理となった。

ボサター――菩薩のこと。キリスト教的には、光の天使をいう。

諸天善神――諸天善神のなかには、不動明王、摩利支天、稲荷大明神、大黒天、八大竜王、毘沙門天などがある。これら善神は仏を護り、法を守る光の天使になるための修行の役柄。それだけに、力を与えられ、菩薩、如来をも救える能力が附与されている。

転生輪廻《てんしょうりんね》――生命、物質はすべて循環の法にしたがって輪廻している。転生は生れ転ずる、輪廻とは輪のようにめぐってくるという意味。人の魂は今世で生れ、そうしてあの世に帰り、また現世に生れてくる。魂は肉体が亡びても無にならない。個の生命は生き通しのもの。人の想念も循環している。悪を想えば悪がかえってくる、善を想えば善がかえってくる。

幽体離脱――人間は、魂と肉体から出来ている。死は魂と肉体の分離。幽体離脱とは、肉体から魂が出て行き、肉体はいわばカラになっている状態。この場合、魂が抜けても肉体維持の諸器官の活動は続いている。同じ分離でも幽体離脱は、霊子線というもので魂と肉体がつながっているので、ふつうの死とはちがう。

光子体――魂を包んでいるボディーのこと。魂と肉体を合わせたものが人間だが、本当は光子体と肉体を合わせたものが人間である。死は光子体と肉体の分離であり、魂は光子体をまとって、あの世で生活する。

シャキャ族（釈迦族）――大ポータラ国のラージャン・イクシュヴァークの子孫で、第二王姫の希望によって、二人の子供とともにカピラ・バーストを作り、父王を招いた。その時シャキャーとほめられた。シャキャは立派とか、良くできたという意味。これが中国に伝わり、シャキャが釈迦に変わった。

正法（仏法）と三証――正しい法には必ず文、理、現の証明がなされる。ことに現証（現象）はついてまわる。これを法力ともいう。現証は、心の正しき者、求道者、愛に生きる者に対して、神が与えてくれる慈悲である。したがって、法力あるいは三証のない教えは神理でないということになる。

動物霊――この世の動物があの世に帰ると皆動物霊になる。しかし、人間に影響を及ぼす動物霊は、主にヘビ、キツネである。ヘビ、キツネは生命力が強靭で、地球での生活は人類より古い。それだけ地上生活、つまり世事に長けている。ヘビは狡猾、キツネは動物本能が強烈である。人間の意識が動物本能にふりまわされるようになると、こうした動物霊が憑依してくる。地上での彼らは人間と話ができない。本当は出来るが、人間の方が彼らの意思や言葉が理解できない。しかし彼らは、人間の言葉や意思を、せまい範囲だが読みとる能力を持っている。犬猫を飼った人ならわかるはず。ヘビ、キツネが憑依すると人間と同じように喋る。憑依されている人が霊媒現象を起こすと、神がかったことを語り、予知、予言（主に不幸な事柄）、神仏の名を告げたりする。予知予言は非常によく当る。しかしもともと動物だから、正法を説くことはできない。辻褄《つじつま》が合わなくなってくる。神とか教祖とか称している人が、尊大であったり、中傷、増上慢、先祖供養、欲望が強い場合は、間違いなく憑依しているとみてよい。

念仏無間地獄――日蓮のいった言葉だが、その趣旨は、念仏行はいわゆる、他力となり、念仏さえ唱えれば、人を殺しても極楽に行けると多くの人が信じていた。無間地獄は真暗な深い谷底。

禅天魔――いわゆる野狐《やこ》禅のことで、悟っていないのに悟ったつもりでいる自己陶酔者。座禅し、意識をカラッポにすると、意識の中にある想念帯という記録装置（生活に対する諸々の欲望など）を修正していないと悪魔（魔王、動物霊など）に侵されやすい。

光明のドーム――これは霊子線のこと。人間という動く物体は、霊子線を通して、あの世の意識界に通じている。己を悟るとその霊子線は魂意識の通路としての役を果たしてくれる。霊子線は幽体離脱の際の、肉体と魂を結ぶ糸の役もする。

ジャイナ教――いわゆる仏教よりやや古いが霊魂と転生輪廻を説き、解脱すると生死の輪廻はないというもの。苦行が主であり、教団の勢力はかなりのものであった。

フイフイ教――拝火教で、火はあらゆる生命の根源であるとし、火をあがめ、火の神を求めた。目的は超能力であり、行は火の中に腕を入れたりするなど、それに耐えるという荒行。

過去世《かこせ》――過去世というのは俗にいう前世である。人の魂は、この現象界で生活し、あの世に帰る。あの世に帰って魂の修行を再び行ない、縁を得て現象界に生れてくる。過去世はこの意味で、あの世の生活以前の現象界の生活のことである。また、過去世の意味は、人間はこうした転生輪廻をくりかえし、あの世とこの世で生活を続けているので、前々世、あるいは前々々世というように、数万年前、数十万年前の現象界の生活をも含んでいる。

智慧――当用漢字では知恵と書く。本文中には智慧―知恵の二つに分けて書いて来たが、これは仏智と生活の知恵を区別するためにこうなった。仏智とは、人間の心に内在している過去世で学んだ智慧のことをいう。もちろん、こればかりではない。大宇宙を創造した神の意識も同時に含まれている。生活の知恵とは、この現象界で学んだ知識とそれをもとにした能力である。また生活の知恵は、主に現実的、感覚的であるのに対し、仏智の智慧とは、あたかも天才的な能力として現れてくるものである。したがって仏智と生活の知恵では、そのスケールが全然ちがってくる。

実在界――あの世のことである。あの世を実在界、意識界という。この世を現象界、色界ともいう。なぜあの世を実在界というかというと、あの世の「モノ」は消えてなくならないからである。この世の「モノ」は時が経つと風化し、土や大気に還元してしまう。現象界はその意味では、はかないものである。実在界は、実存の世界であり、安定した世界なので、こうした名称で呼ばれている。

一方、実在界を意識界ともいっている。意識界とは、心のままの世界でもあるからである。人を憎めば、憎しみの意識が返ってくる。愛を施せば、愛が返ってくる。この世は人を憎んでも、ある一定の時間が経たないと反応が出てこない。あの男とは長年つき合って来たが、あんな男とは思わなかったという経験を大抵の人が持っている。ところがあの世は、裏切りやごまかしというものがきかない。心に想ったことがスグ現われるからだ。だから意識界ともいうのである。

止観《しかん》――止観とは、とどまって観るということ。この言葉は天台宗を開いた天台智顗《ちぎ》という人が摩訶《まか》止観、小止観を書き遺され、今日に伝わったものである。とどまって観るとは、自分の過去をふりかえり、反省すること。毎日の心の動きと生活行為が、人間としてあやまちがあったか無かったか、もしあるとすればどうしてそうした過失を犯したか、過失の原因をさぐり、二度と再びその原因をつくらないようにすることが止観であり、反省である。キリスト教では、これを懺悔といっている。悔い改める。反省も悔い改めることである。

パラミタ――古代インド語であり、原語はバラモン教典のパラミターである。それが中国に渡り、波羅蜜多《はらみた》になった。パラミタとは彼岸に至るという意味である。彼岸は智慧が充満した安らぎの世界であり、般若心経では、これを、般若波羅蜜多心経と書いている。ところで当時のインドは蜂蜜が貴重品であった。蜂蜜は栄養価が高く、数少ない食糧品であるが、当時のブッタはその蜂蜜になぞらえ、彼岸の里は蜂蜜に似て、滋養が満ちあふれたところであると説いた。漢文はミタを蜜多と当てたが、この当て字は真意をそのまま衝いているといえる。

心眼——文字通り心の眼をいう。第三の眼ともいうが、想念が浄化し心がひろがってくると自然に心眼がひらけてくる。もちろん、動物霊が人間の意識を支配し、あの世の姿を見せる場合もある。したがって、見えない世界が見えたからといって、すべて心眼かというと、そうではない。怒り、そねみ、中傷の想念を持ちながら、なお肉眼以外のものが見える場合は、注意を要する。大抵は動物霊が憑いて、そうした現象を起こしている。

禅定三昧——禅定が三昧になると、もう一人の自分が肉体から抜け出し、あの世実在界を見て来ることがある。三昧にも段階がある。抜け出したもう一人の自分が、実在界のどの世界を見ているか、それによって、三昧の内容がちがってくる。実在界は、各種の世界にわかれており、自分の意識の調和度に比例した世界しか行けないことになっている。禅定して三昧の境地を得たと思っても、三昧の頂点であったかどうかは、なかなか断定できないものである。

禅定——禅定は、第一から第九の段階に分けられる。第一とは反省である。反省し心の曇りを払うと、第二、第三と進むことができる。もし反省を省略し、無念無想の状態を続けようとすると魔に侵される。守護霊との対話のできる禅定は、第四禅定である。もちろん、第四禅定でも、人によって中身が異なる。話が出来たからといって、禅定の中身が、第四段階に入ったと思ってはならない。釈迦の禅定は第九禅定といって、大宇宙と一体となった禅定であり、この禅定は余人には真似が出来ない。

肉体煩悩――煩悩とは迷いをいう。肉体煩悩とは肉体にまつわるさまざまな迷いであって、地位、名誉、金、その他諸々の執着からくる、肉体を主体とした、ものの考え方をいう。

執着――自己保存の想念、これを執着という。これは俺のものだ、俺はこれこれのことをした、人はどうでも自分さえよければ、といった考え方が心を支配している。自己嫌悪、自己満足、自己逃避も執着である。執着が強くなると、心と肉体のバランスを崩し、病気がちになり、一方対人関係、仕事の面についても不調和になってくる。

五官六根――眼、耳、鼻、舌、身を五官という。これに意を加えると六根になる。六根とは、諸悪の根源である。五官を通して、自分の心がふりまわされ、人間としての道を外してゆくために、世の混乱が続いている。美しいものを見ると欲しいと思う。

旨いものは食べすぎる。ウソでも自分をほめてくれる人は善人である。このように六根は、真実のものをゆがめる原因をつくっている。六根にふり回されると、人間としての自分を失っていく。

神性——これは仏性ともいう。人間らしさとは、神仏の子としての自覚であり、しかも自覚を持とうと持つまいと、人間の心は、本来、神性仏性を有し、性善こそ人間の真の姿である。古来から、性悪、性善説があって、いったい人間はどちらだろうとみられてきた。これは人間の心が、誰も束縛できない自由性を持っているので、その自由性が、性悪性善の両説を生む理由になっているようだ。しかし、自分の心に誰もウソはいえない。どんな悪党でも俗にいう良心が内在している。その良心が、自分と相対して常に自分を見守っている。この事実は、何人も否定できないだろう。自分にウソのいえない人間である以上は、人間の性は善であり、人間の心は愛に満たされるようにできているといえる。

不生不滅、不増不減——この言葉は般若心経の一節である。この意味は、生れることも、滅することも、増えることも、減ることもない、ということである。魂の永遠性をいっている言葉である。

法輪――大宇宙は、循環の理にしたがって動いている。地球は太陽を中心に、円を描きながら一定の軌道を循環している。原子の世界も、核を中心に陰外電子が回っている。人間の魂も、この世を終えればあの世に帰り、再び、この世に生れ出てくる。こういう風に、すべてのものが「輪」を描いて秩序正しく動いている。これを法輪という。

色心不二――色とは形あるもの、肉眼にみえるものである。心とは意識である。人間は、形ある肉体と眼に見えない意識（心）を持って生活している。不二とは一体になっているという意味であるが色心不二の真意は肉体と心の調和を意味し、どちらにも片寄らない状態をいっているのである。仕事に追われて肉体を酷使すれば病気になる。反対に、なまけていると精神が退化し、ものの判断が不正確になってくる。五官に心を奪われると六根という諸悪をつくり、すべてに不調和をきたす。偏らない中道の精神と、肉体をつくることが理想であり、その理想を一口にいうと色心不二ということになる。この言葉は天台智顗という人が使った。

解脱《げだつ》――最高の悟りをいう。一切の執着を断ち、自分の中にいる、もう一人の自分が、永遠の生命と一体になった時、因縁因果の束縛から離れることが出来る。最高の悟りを得ると、過去、現在、未来の因縁因果がわかり、大宇宙の仕組みが、手にとるように明らかになってくる。

意識——人の意識は、表面意識、想念帯、潜在意識にわけられる。ふつうは表面意識と想念帯の働きによって生活する。想念帯は毎日の想念行為を記録するテープレコーダーで、心理学上の潜在意識はこれに当たるようである。ところで、もう一人の自分とは、潜在意識を指し、この意識こそ、パラミタであり、表面意識と潜在意識が完全に同通した時に、解脱する。解脱への修行は、表面意識の調和と想念帯の浄化にある。浄化は反省と行為によって行なわれる。

高橋信次 著作集　心と人間シリーズ

心の原点 （新装改訂版）	**失われた仏智の再発見** 人間の生い立ちとその目的、役割、自然と人間の関係を体系的にまとめ、人間の核心にふれる現代の聖書。 新書判　定価 1,375 円（税込）
心眼を開く （新装改訂版）	**あなたの明日への指針** 世が末期的症状を呈して来るとオカルトに対する関心が強くなる。こうした傾向に警告し、心の尊厳さをさまざまな角度からとらえ、解明した珠玉のエッセイ集。 新書判　定価 1,100 円（税込）
心の指針 （新装改訂版）	**苦楽の原点は心にある** 間違った信仰、人間の精神構造、八正道、一般読者の質問に答えた神理問答集、祈りの意義など、初心者向けの神理の普及判である。　新書判　定価 1,100 円（税込）
心の対話 （新装改訂版）	**人のことば　天のことば** 人生、仕事、宗教、宇宙などを明快に解きあかし、生きる意欲を与える珠玉の問答集として評判。 新書判　定価 1,100 円（税込）
人間・釈迦 （新装改訂版）	**①偉大なる悟り ②集い来たる縁生の弟子たち ③ブッタ・サンガーの生活 ④カピラの人びとの目覚め** 本書は何人も為し得なかった釈迦の出家と悟りをもっとも平易に、その全貌を明らかにした名作。 新書判　各巻　定価 1,100 円（税込）
悪霊 （新装改訂版）	**Ⅰ あなたの心も狙われている　Ⅱ 心がつくる恐怖の世界** 本書はノイローゼ、精神病の実例をあげ悪霊に支配された人びとが神理によって救われてゆく記録。 新書判　各巻　定価 1,375 円（税込）
愛は憎しみを越えて （新装改訂版）	幼少の頃より受けた厳しい差別や偏見で人間不信へと心が荒み、欲望の渦へと巻き込まれて行く一人の守銭奴を描く。その主人公が、生と死の谷間で己自身の姿を見つめ、人生の意義、愛にふれる場面は感動的である。 新書判　定価 1,430 円（税込）
原説般若心経 （新装改訂版）	**内在された叡知の究明** 新書判　定価 1,375 円（税込）
心の発見 （新装改訂版）	（現証篇）定価 1,430 円（税込） （科学篇）定価 1,320 円（税込） （神理篇）定価 1,320 円（税込）
天と地のかけ橋	釈迦の苦悩から悟りへと至る過程を美しいイラストと共に描いた、子どもから大人まで幅広い層に読まれる絵本。　定価 1,980 円（税込）

高橋佳子 著作集

もう1人の自分	――「魂の賢者」を呼び覚ます あなたの奥に、あなたも知らない「もう1人の自分」がいる。それは、無限の力と可能性を抱く「魂の賢者」。 **四六判並製　定価1,980円（税込）**
人生を取り戻す	――「まさかの時代」を生き抜く力 コロナ、親ガチャ、窓際、回り道、落ちこぼれ、病、喪失。様々な危機を克服し、自らの人生を取り戻した挑戦の記録。 **四六判並製　定価1,980円（税込）**
2つの扉	――「まさかの時代」を生きる究極の選択 目の前にある「2つの扉」。どちらの扉を開けるか、あなたの選択によって人生と世界は劇的に変わる。 **四六判並製　定価1,980円（税込）**
ゴールデンパス	―― 絶体絶命の中に開かれる奇跡の道 今、あなたが直面している試練や問題の中に、ひとすじの光り輝く道（ゴールデンパス）がある！ **四六判並製　定価1,980円（税込）**
自分を知る力	――「暗示の帽子」の謎を解く 自分を知ること――それは人生最強の力。「自己診断チャート」であなたの心のタイプがわかる！ **四六判並製　定価1,980円（税込）**
最高の人生のつくり方	―― グレートカオスの秘密 「最高の力の源泉」を引き出す方法を伝授。「そんな道があったのか!?」と誰をも唸らせる驚きに満ちた本。 **四六判並製　定価1,935円（税込）**
あなたがそこで生きる理由	―― 人生の使命の見つけ方 「なぜ私はここにいるのだろう?」その謎を解くと、あなただけが果たせる使命が見えてくる！ **四六判並製　定価1,834円（税込）**
運命の逆転	―― 奇跡は1つの選択から始まった いかなる試練があっても、魂の力＝本当の「人間力」によって限界を突破し、生きる目的と使命が鮮やかに蘇る。 **四六判並製　定価1,834円（税込）**
新・祈りのみち	―― 至高の対話のために 本当の自分を取り戻す新しいライフスタイルブック。40万人に読み継がれたロングセラーの新版。 **小B6サイズ上製　定価2,619円（税込）**

人間・釈迦① 偉大なる悟り

昭和 48 年 4 月 1 日 第 1 版 第 1 刷発行

新装改訂版
平成 26 年 6 月 25 日 第 9 版 第 1 刷発行
令和 6 年 6 月 13 日 第 9 版 第 3 刷発行

著　者　高橋信次
発行者　田中圭樹
発行所　三宝出版株式会社
〒111-0034 東京都台東区雷門 2-3-10
TEL.03-5828-0600（代） FAX.03-5828-0607
https://www.sampoh.co.jp/
ISBN978－4－87928－091－6
印刷所　株式会社アクティブ

写　真　岩村秀郷
装　幀　今井宏明